압구정 재건축의 현황과 미래가치

압구정 재건축의
현황과 미래가치

ⓒ 김용식 · 김재희, 2024

초판 1쇄 발행 2024년 2월 28일

지은이   김용식 · 김재희
펴낸이   이기봉
편집   좋은땅 편집팀
펴낸곳   도서출판 좋은땅
주소   서울특별시 마포구 양화로12길 26 지월드빌딩 (서교동 395-7)
전화   02)374-8616~7
팩스   02)374-8614
이메일   gworldbook@naver.com
홈페이지   www.g-world.co.kr

ISBN   979-11-388-2799-7 (03320)

압구정 재건축의
현황과 미래가치

김용식 · 김재희 지음

좋은땅

서문

　이 책은 기본적으로 제가 압구정 2구역 신현대아파트 재건축 조합 임원으로서 그동안 재건축 진행 과정에서 모아 왔던 자료와 30년 이상 압구정에 살아왔던 주민으로서 압구정 전체 단지에 대한 개인적인 평가가 많은 부분을 차지합니다. 그리고 오랫동안 압구정에 거주했어도 각 단지의 세부적인 현황을 잘 모르고 있을 수 있어 이에 대한 자료를 전반적으로 제공합니다. 각 단지의 현황과 특성을 간략하게 비교평가 하고 재건축 진행에서의 여러 가지 장단점을 설명하였습니다. 또한 재건축 후에 각 단지별 미래가치를 간략하게 평가하였습니다. 이러한 내용은 개인적인 평가이지만 압구정을 잘 모르는 일부 부동산 관계자들의 지극히 피상적인 견해가 압구정을 왜곡하는 현실이 안타까운 심정으로 기술하였으니 도움이 되었으면 합니다.

　이 책의 궁극적인 목적은 압구정 재건축 단지가 재건축 이후에 미래가치가 향상되어 서울에서 과거와 같은 명성을 이어 나가는 주거단지가 되면서 기존의 재건축 아파트들과 확연하게 차별된 단지로서 완성되는 데 조그마한 도움이 되는 것입니다. 서울이 글로벌 도시로서의 경쟁력을 가지려면 디자인적으로 고급스럽고 창의적이며 차별화된 한강변의 주거단지 조성이 필수적입니다. 이러한 명품 단지를 만들기 위한 여러 가지 요소들을 압구정 주민들에게 알려드리는 것도 이 책의 또 하나의 목적입니다. 그래서 하이엔드 주택의 동향에 대해서도 설명하였습니다. 각 단지의 설계 공모에서의 배치도 및 조감도를 수록하여 미래 재건축 단지의 모습을 참고하게 하였습니다. 이러한 정보가 압구정 지역의 재건축이 원활하게 이루어져 세계 어느 곳에 소개해도 손색 없는 최고급 주거단지로 탄생되기를 바라고 서울시의 글로벌 경쟁력 제고에 일조할 수 있기를 기대합니다.

　마지막으로 이 책의 완성을 위해 도와주신 많은 지인들과 관련 업체들을 일일이 나열하지 못한 점 양해드리며 지면으로 감사의 인사를 드립니다.

2023년 11월
김용식, 김재희

목차

I. 압구정 재건축의 현황

II. 재건축에 대한 이해

III. 서울: 강남의 등장과 서울 부동산

I

압구정 재건축의 현황

1) 압구정 재건축 구역 및 현황

(1) 압구정 6개 구역 위치

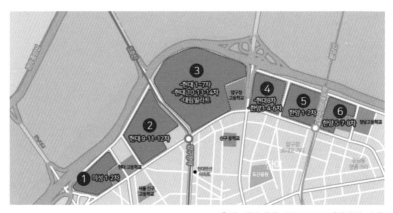

출처: 시사저널e 2021.02.16. (길해성 기자)

압구정 재건축 구역과 현황(세대/소, 중대평형비율)

구역	단지	세대수	소형, 중대형비율
1	미성 1, 2차	1233세대	(47%, 53%)
2	신현대	1924세대	(47%, 53%)
3	구현대	3934세대	(35%, 65%)
4	성수현대, 한양 3, 4, 6차	1341세대	(68%, 32%)
5	한양 1, 2차	1232세대	(74%, 26%)
6	한양 5, 7, 8차	672세대	(50%, 50%)

압구정 재건축의 현황과 미래가치

(2) 압구정 6개 구역 재건축과 조합의 현황

기존 재건축사업 진행의 걸림돌이자 아파트지구였던 압구정 아파트 지구는 2023년 9월 14일 압구정 아파트지구 지구단위계획안이 가결되었다. 이로써 기존 아파트지구 내 상업 기능을 담당하던 중심시설용지의 주거 용도 사용을 허용하고, 개발 잔여지에도 기존에 허용치 않았던 비주거 용도 건축이 가능해졌다. 그리고 건축물의 용도·밀도·높이 등 규제가 완화됐다.

특히 창의적인 건축계획안을 적용할 수 있도록 서울시는 해당 지역을 특별계획구역으로 지정했다. 용적률이 기준 230%, 법적 상한 300%가 적용되었다. 설계에 따라 50층 이상 지을 수 있게 되었다. 계획안에 따르면 창의적 건축계획을 통해 대규모 주택 단지가 조성될 수 있도록 해당 지역을 특별계획구역 1-6구역으로 나눠 관리한다. 특별계획구역 지침을 통해 지구 내 전체 아파트 단지 차원에서의 체계적인 정비계획 방향을 제시할 방침이다.

이러한 압구정동 지구단위계획 결정과 특별계획구역 지정은 압구정동 재건축의 시작과 개발 방향을 알려 주는 중요한 행정적 절차이다. 이로써 정비계획 변경안이 결정되면 압구정동 재건축이 본격적으로 진행하게 될 것이다.

압구정 1-6구역 조합현황

압구정 1-6구역 조합현황

구분	1구역	2구역	3구역	4구역	5구역	6구역
단지	미성 1, 2차	신현대	구현대	성수현대, 한양 3, 4, 6차	한양 1, 2차	한양 5, 7, 8차
사업 진행 사항	추진위	조합인가	조합인가	조합인가	조합인가	7차만 조합
인가일		21.04.12.	21.04.19.	21.02.10.	21.02.22.	
3년 경과 시점		24.04.12.	24.04.19.	24.02.10.	24.02.22.	
기존 세대수	1,233	1,924	3,934	1,341	1,232	672
구역면적(㎡)	81,454	172,588	360,188	108,050	67,736	48,440
(평)	24,640	52,208	108,956	32,685	20,490	14,653
조합장		정수진	안중근	김윤수	이현수	김병균
조합전화	514-2026	518-7994	544-4446	511-5300	543-1251	516-9322

(3) 압구정 2-5구역 신속통합기획안 일정 및 결정사항

위치: 강남구 압구정동 396-1 일대(773,000㎡)

용도지역: 제1종, 제2종(7층 이하), 제2종, 제3종 일반주거지역, 자연녹지지역

세대수: 8,443세대

신속통합기획 시뮬레이션 주요 내용[8,443세대 → 11,830세대(공공 약 1,200여 세대 내외)]

○ 높이계획: 창의혁신 디자인 적용 시 높이계획은 유연하게 적용(50층 내외부터 우수 디자인 시 70층까지)

○ 공공성 계획: 공공임대주택, 덮개시설, 조망데크공원, 입체보행교, 공공청사 등

압구정 2-5구역별 신속통합기획 주요 결정 내용

구분		용도지역	용적률	층수/높이	세대수
2구역	현황	제3종일반주거지역	174%	13층	1,924세대
	기획안	제3종일반주거지역	300% 이하	50층 내외	2,700세대 내외
3구역	현황	제1종, 제2종(7층 이하), 제2종, 제3종 일반주거지역	244%	15층	3,934세대
	기획안	제3종일반주거지역, 준주거지역	평균 용적률 323% 이하 (3종 용적률 300% 이하)	50층 내외	5,800세대 내외
4구역	현황	제1종, 제3종일반주거지역	181%	13층	1,341세대
	기획안	제1종, 제3종일반주거지역	300% 이하	50층 내외	1,790세대 내외
5구역	현황	제3종일반주거지역	183%	13층	1,232세대
	기획안	제3종일반주거지역	300% 이하	50층 내외	1,540세대 내외

서울시 신속통합기획 제시안: 압구정 2-5구역별 세대 증가

구역	기존 세대	신속통합 제시안	세대 증가율
2(신현대)	1,924세대	2,730세대	142%
3(구현대)	3,934세대	5,810세대	147%
4(성수현대, 한양 3, 4, 6차)	1,341세대	1,790세대	133%
5(한양 1, 2차)	1,232세대	1,540세대	125%

〈신속통합기획안 추진경위 및 일정〉

12. 10. 16. 압구정 전략정비구역 지구단위계획구역 지정 실효

16. 09. 02. 압구정 아파트지구 지구단위계획 수립 착수

17. 11. 22. 압구정 아파트지구 지구단위계획 도시건축공동위원회 심의

〈보류〉

21. 12.-23. 05. 신속통합기획 후보지 신청 및 주민제안(안) 제출

22. 06.-23. 06. 신속통합기획 수립 (주민참여단, 주민설명회 등 병행)

23. 06. 신속통합기획안 확정ㆍ통보 (서울시 → 자치구)

23. 07. 압구정 2-5구역 신속통합기획안 결정

23. 07.- 정비계획(안) 입안 절차 추진 및 정비계획 결정

23. 09.- 압구정지구단위계획안 가결 및 특별계획구역으로 관리

〈압구정 2-5구역 종합계획안의 3가지 기본적인 정책 방향〉

① 창의ㆍ혁신 디자인으로 한강변 파노라마 경관 형성

② 여가ㆍ문화 생태계 조성으로 성수압구정을 하나의 생활권으로 연결

③ 보행 가로 활성화 및 미래 주거공간 계획.

〈신속통합기획이란?〉

재건축 초기 단계인 정비계획 수립단계에서 공공성과 사업성의 균형을 이룬 가이드라인을 제시하고 사업시행인가(건축허가)까지의 과정인 정비계획 수립, 건축설계, 사업시행인가를 서울시에서 지원하여 재건축 시간과 과정을 단축하는 공공지원계획이다.

지구단위계획/정비계획 통합 수립 → 시간 단축

건축/교통/환경 통합 심의 → 시간 단축

〈서울시 압구정 2구역(신현대) 신속통합기획 중요 결정안〉

① 기부채납: 10%

② 층수: 한강 20층, 최고층 49층

③ 진출입구: 동/서/남/북 4곳 허용

④ 세대수: 1924 → 2730세대 (임대 295/일반분양 511세대)

⑤ 한강공원 데크 설치

서울시 압구정 2구역 신속통합기획 결정(안)

NO	사안	결과	비고
1	공공기여(기부채납)	15% → 10%	
2	한강변 전면부 층수 변화	15층 → 20층	
3	한강공원 데크 설치	브릿지 개념의 보행 데크 설치	압구정 전 구역 의무사항
4	특별건축 구역	압구정 전 구역 특별건축 구역 지정	
5	도시계획도로	단지 내 도시계획도로 폐기	
6	공공문화시설	폐기	
7	주차장 진출입구	주차장 진출입구 동서남북 허용	논현로 쪽 주차장 진입로 가능
8	세대수	1924세대 → 2730세대	임대아파트 295세대 일반분양 511세대
9	최고층	49층까지 허용	압구정 전 구역

〈압구정 2구역 재건축의 본격적인 진행은 신속통합기획안이 결정된 이후 정비계획변경안이 결정/고시되어야 함〉

신속통합안 결정 이후 다음 순서로 재건축 과정이 진행됨

① 지구단위계획(높이/용도제한/건폐율/용적률/기반시설 배치 등 결정하여 도시계획 규제) → 정비계획변경(건축물 주용도/건폐율/용적률/높이 계획) 결정 및 고시

② 설계업체(시공사) 선정 및 건축심의 후 사업시행인가

설계업체 선정, 평형 신청 후 설계변경, 시공사 선정: 실질적인 재건축단계가 시작됨

③ 관리처분계획 및 인가

감정평가, 추가분담금 계산, 분양 신청, 평형 결정 및 동호수 추첨

〈토지용도 지역/건폐율/용적률〉

① 토지용도 지역: 주거지역/상업지역/공업지역/녹지지역으로 나눈다.

주거지역은 제1, 2종 전용 주거지역 제1, 2, 3종 일반주거지역으로 나눈다.

압구정 제2구역은 제3종 일반주거지역으로 용적률이 250-300%이다.

② 건폐율/용적률

- **건폐율** → 수평적 건축밀도(대지면적에 차지하는 비율)

- **용적률** → 수직적 건축밀도

건폐율이 낮으면 동 간격이 넓어져서 단지의 쾌적성이 좋아지고 용적률이 높으면 높게 지을 수 있어 수익성이 좋아진다.

〈압구정 구역별 용적률 및 그 의미〉

- 현재 용적율이 낮으면 대지 면적이 많고 재건축을 하면 수익률이 높아 진다.

- **압구정 제2구역이 용적률이(174%) 가장 낮아 압구정 구역에서 사업성 이 가장 좋을 것으로 예상**

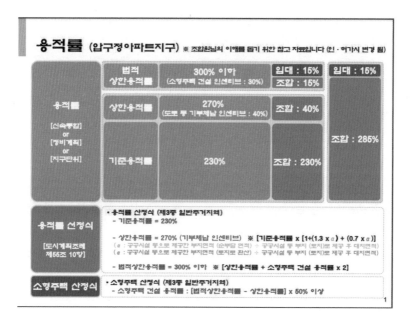

(4) 압구정 지구단위계획 및 토지이용계획도

2016년 압구정 지구단위계획 토지이용계획안

2023년 압구정 지구단위계획안

압구정 재건축의 현황과 미래가치

2016년 1구역 토지이용계획도

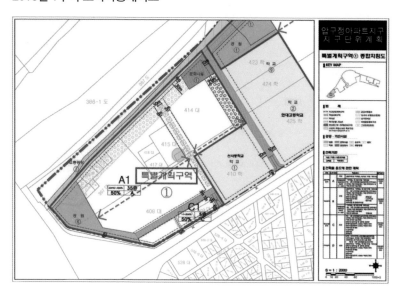

2016년 2구역 토지이용계획도

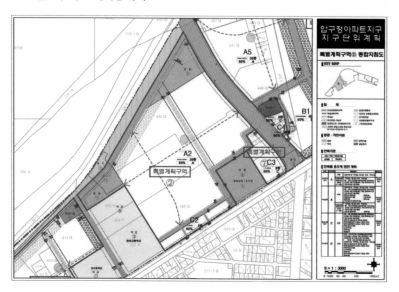

2016년 3구역 토지이용계획도

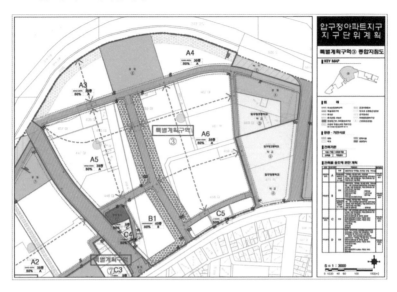

2016년 4구역 토지이용계획도

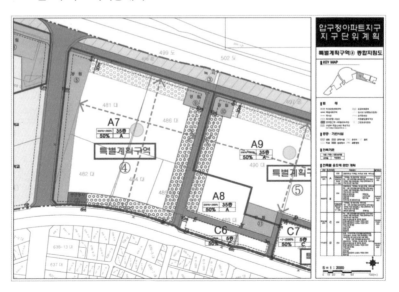

2016년 5구역 토지이용계획도

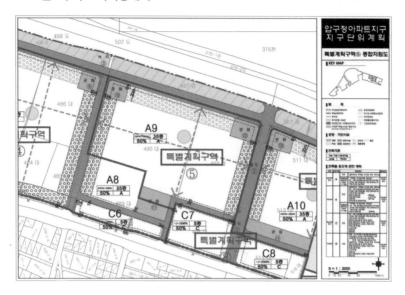

2016년 6구역 토지이용계획도

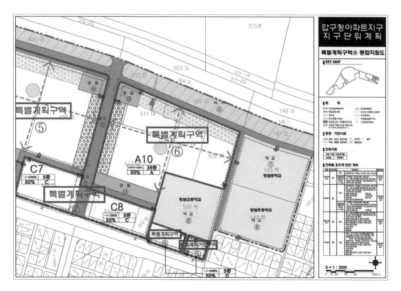

2023년 2구역 토지이용계획도

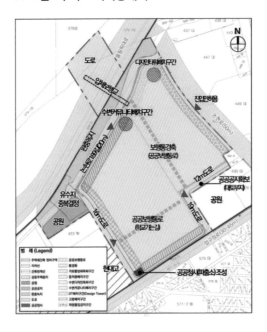

2023년 3구역 토지이용계획도

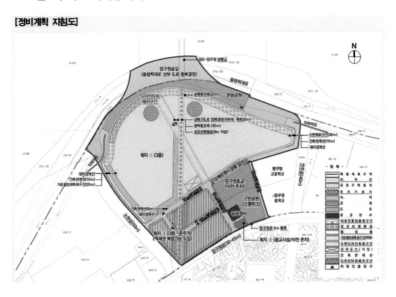

2023년 4구역 토지이용계획도

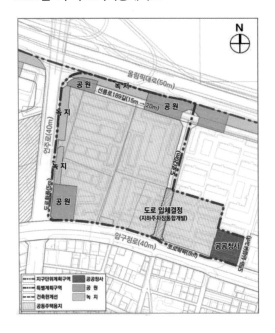

2023년 5구역 토지이용계획도

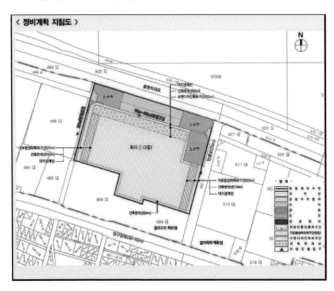

(5) 압구정 재건축 향후 일정

2023.04. 압구정 주민설명회에서 발표된 향후 재건축 추진계획일정

2023-2024	설계사 선정, 지구단위계획 및 정비계획 수립
2024	시공사 선정
2025	건축 심의
2025	사업시행인가
2026	(조합원) 분양 신청
2026	관리처분인가
2027	이주
2027-2028	철거 및 착공
2031	입주
2032	조합 해산

2) 압구정 재건축 6개 구역별 요약평가와 전망

(1) 1구역: 미성 1, 2차(1,233세대) 강변조망 및 한강공원 접근성 유리

① 미성 1차(153%), 2차(233%)간의 커다란 용적률 차이로 인한 분쟁
   으로 조합결성이 안 됨. 아직 통합 재건축이나 단독 재건축에 대한
   방향설정이 지연되고 있다.

② 더불어 단지 내 상가 및 쪼개기로 인한 마찰로 인해 재건축사업이
   지연되고 있다.

③ 압구정역과 멀다. 압구정 중심부에서 벗어남. 하지만 한강공원 접
   근성 및 사용성이 좋다.

④ 가로수길 상권이 인접하여 편리하고 단지 내 2개상가의 상가구성
   이 좋아 생활환경이 편리하다.

⑤ 미성 2차의 적은 대지지분은 재건축 후에 조합원아파트의 실제 평
   수가 줄어들 수 있다.

(2) 2구역: 신현대(1,924세대) 미래 압구정동 중심

① 평균 용적률 174%로 압구정지역 내에서 가장 사업성이 좋다.
② 현재 약 2,000세대며 건축 후 가장 적절한 규모의 단지로 커뮤니티 시설과 문화시설의 규모화로 단지의 가치성이 높다. 한강공원이 가깝고 사용성이 우수하다.
③ 한강뷰 및 공원뷰, 시티뷰 등 재건축 후 아파트 동 배치가 우수하다.
④ 지하철 접근이 전체구역중 가장 좋다.
⑤ 백화점 상권 이용이 편리하다.
⑥ 상가동이 외각에 있어 분규 가능성이 적다.
⑦ 재건축 후 압구정동 전체 지구에서 가장 고급 단지로 될 가능성이 높아 미래 압구정동의 중심이 될 것으로 예상된다.

(3) 3구역: 구현대(3,934세대) 현재 압구정동 중심(사업성↓)

① 단지 내 용적률 차이가 커서 조합원 간 이해관계 조율이 어려울 수 있다.
② 단지 내 상가의 배치가 문제가 될 가능성이 높아서 재건축 속도에 불리하다.
③ 초, 중, 고를 가지고 있고 시장, 상가 및 파출소 동사무소 등의 시설이 완비되어 거주 환경이 편리하다.
④ 단지를 가로 지르는 도로의 위치가 문제됨, 단지설계 및 배치에 문제가 있다.

⑤ 한강변 APT 위주로 재건축이 진행될 가능성이 높고, 이경우 기존 인기동인 5-7차 단지가 불리해질 수 있다.

⑥ 다양한 평수가 있어 APT 거래의 역동성이 있다.

⑦ 6개 구역 중 가장 크고, 중심부에 위치하지만 단지의 규모가 커서 커뮤니티 사용과 지하철역 및 대중교통 접근성 등 편리성 여부의 문제점이 있다.

⑧ 그래도 재건축이 되면 압구정동의 중심 단지가 될 것으로 예상된다.

(4) 4구역: 성수현대, 한양 3, 4, 6차(1,341세대)

① 1,341세대로 재건축 속도가 빠를 수 있다.

② 단지 내 용적률이 비교적 차이가 없어 분쟁 가능성이 낮다.

③ 압구정역과의 거리가 있다

④ 한강조망권은 보통으로 보인다.

⑤ 소형 평수가 많아 고급화에 걸림돌이 된다.

⑥ 초, 중, 고등 학교가 멀다.

⑦ 성수대교 및 올림픽도로의 소음과 공해에 노출된다. 현재 실거주 는 불편하다.

⑧ 그러나 재건축 후 단지의 가치가 가장 높아질 것으로 보인다.

(5) 5구역: 한양 1, 2차(1,232세대) 사업성 ↓

① 1,232세대로 재건축 속도가 빠를 수 있다.

② 소형이 많아 고급화에 걸림돌이 된다.

③ 1차와 2차 사이에 용적률이 차이가 커서 분쟁의 가능성이 있다. 그리고 4구역과 통합재건축 이슈가 있어 사업 진행 속도는 지켜보아야 한다.

④ 고층으로 설계 시 한강조망권 세대가 의외로 많아질 가능성이 있다.

⑤ 압구정역과 거리가 멀다. 하지만 압구정로데오역의 신분당선이 편리하고 초, 중, 고 모두 가깝고 백화점 상권 이용이 편리하다.

⑥ 단지 배치나 평형 배치가 잘되면 한강조망권이 많이 나와 재건축 단지의 가치가 높을 가능성이 있다.

⑦ 청담동 명품 상권/레스토랑이 가까워 주거지 인프라가 우수하다.

(6) 6구역: 한양 5, 7, 8차(672세대)

① 672세대로 규모가 너무 작다(커뮤니티의 질 저하).

② 기존 72동에 조합이 설립되어 71, 81동 주민들과 의견조율이 쉽지 않아 조합결성이 어렵다.

③ 청담동 빌라 가격에 연동될 가능성이 있다.

④ 강변조망권이 탁월하고 입지가 좋다.

⑤ 기존 72동설립조합으로 인해 사업추진 속도는 미지수이다.

⑥ 단지 배치나 평형 배치가 잘되면 한강동의 가치가 높을 가능성이 있다. 특히 81동 단독재건축이 가능하면 기존의 청담동 고급 빌라/아파트보다 압도적으로 가치가 높아질 수 있다.

⑦ 청담동 명품 상권/레스토랑이 가까워 고급 주거지로서의 인프라가 우수하다.

(7) 압구정 아파트 단지별 위치도

출처: 한국경제 2017.11.23. (조수영 기자)

번호	단지명	세대수	준공일
1	미성(1차)	322세대	1982년 11월 준공
2	미성(2차)	911세대	1987년 07월 준공
3	현대(신현대)	1,924세대	1982년 04월 준공
4	현대(1차)	600세대	1976년 06월 준공
5	현대(2차)	360세대	1976년 06월 준공
6	현대(3차)	432세대	1976년 12월 준공
7	현대(4차)	170세대	1977년 08월 준공
8	현대(5차)	224세대	1977년 12월 준공
9	현대(6차)	728세대	1978년 10월 준공
10	현대(7차)	560세대	1978년 11월 준공
11	현대(65동)	56세대	2004년 02월 준공
12	현대(10차)	144세대	1982년 04월 준공
13	현대(사원)	622세대	1987년 04월 준공
14	현대(8차)	515세대	1980년 07월 준공
15	한양(1차)	936세대	1977년 12월 준공
16	한양(2차)	296세대	1977년 01월 준공
17	한양(3차)	312세대	1978년 12월 준공
18	한양(4차)	286세대	1978년 12월 준공
19	한양(5차)	343세대	1980년 06월 준공
20	한양(6차)	227세대	1980년 12월 준공
21	한양(7차)	239세대	1981년 05월 준공
22	한양(8차)	90세대	1984년 06월 준공

⑻ 압구정 구역별 한강변 길이와 반포지역의 길이

압구정 6개 구역별 한강변 길이

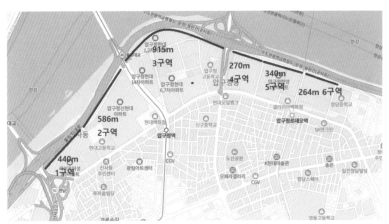

출처: 네이버 지도

반포아파트 단지별 한강변 길이

출처: 네이버 지도

압구정 재건축의 현황과 미래가치

3) 압구정 아파트 구역별 세부위치 및 현황

(1) 압구정 특별계획구역 1 : 미성 1, 2차 아파트로 구성

미성아파트는 1차 3개동(1-3동)과 2차 9개동(21-29동)으로 구성되어 있다. 미성 1차 아파트는 3개동으로 34평형 1개동, 50평형 1개동, 58평형 1개동으로 구성되고 2동과 3동은 한강변에 위치하고 있다. 용적률이 153%로서 중층 아파트에서 최저 수준의 용적률을 보이고 있다. 총 322세대로 14층 건물로 이루어져 있다. 동 간 간격이 넓고 주차공간이 여유가 있어 주거환경이 양호하다.

미성 2차 아파트는 9개동으로 32평형 3개동(24, 28, 29동), 47평형 2개동(23, 25동) 56평형 4개동(21, 22, 26, 27동)으로 총 911세대이고 용적률이 233%로 적은 대지지분을 갖고 있으나 지분에 비해 현재아파트 평수가 넓고 지하 주차장을 갖추고 있어 상대적으로 낮은 가격으로 압구정동에 진입할 수 있는 장점이 있고 단지 중앙에 2개의 상가와 신사중학교가 있어서 지하철역이 먼 것을 제외하고 주거환경이 비교적 우수하다.

미성아파트는 한강공원 접근성이 좋고 재건축 이후에는 한강조망이 많이 나올 수 있어 미래가치가 높다. 미성아파트 단지의 최대 장점은 한강조망이 3면으로 가능하고 한남대교, 올림픽대로, 학교 및 공원, 한강 공원 통로에 인접하여 한강변 아파트로서의 커다란 가치를 가지고 있다. 하지만 1, 2차 간의 용적률 차이와 단지 내 상가 쪼개기로 인한 분쟁으로 인해 재건축 방향성이 불투명하여 재건축사업의 진행이 크게 지연될 것으로 보인다.

미성 1차 34평(3동)과 50평(2동)은 한강변에 위치하여 조망이 좋고, 대지지분이 크지만 평면 구조가 신현대아파트보다 좋지 않아 과거에는 선호도가 많이 떨어졌다. 그러나 현재는 한강변조망가치로 매매가격이 강세를 보인다. 미성 1차 58평(1동)은 신사중학교 쪽으로 탁 트인 전망이 있으며 채광이 좋고, 주차장 이용이 편리하다.

미성 2차 32평형(24, 28, 29동)은 24동이 단지 중앙에 위치하여 가장 인기가 있었지만 현재는 29동과 28동이 한강조망으로 인한 선호도가 높아져 있는 상태이다. 미성 2차 56평은 21동이 가장 선호하는 동이다. 26, 27동은 한강조망권이 있지만 한남대교의 소음과 공해에 노출되어 있다. 미성 2차 47평(23, 25동)은 25동이 과거의 인기동으로 상대적으로 평형에 비해 가격이 저렴해 압구정동 현대아파트에서 30평대 살다가 미성아파트 47평으로 이주하는 수요가 과거에는 꽤 많이 있었다.

압구정 1구역의 현황은 미성 1차 상가의 지분 쪼개기와 미성 1, 2차 간의 용적률의 커다란 차이로 인한 재건축 방향의 견해 차이로 조합설립이 무산되어 있다. 미성 1차의 협력이 없으면 미성 2차의 재건축은 실제적으로 재건축 후 아파트 평수가 적어질 우려가 있다. 현재 미성 1차가 단독으로 재건축을 추진하고 있으나 그 결과는 속단할 수 없다.

미성 1차

단지	미성 1차
위치	압구정동 414
사용승인일	1982.11.
대지면적	24,903.5㎡
용적률	153%
동/세대/층	3동(1-3)/322세대/14층
주차	386대/세대당 1.19대

평형	공급/전용	지분	세대수	층
34	111.97/84.85㎡	18.65	126	14
50	163.91/139.5㎡	27.29	112	14
58	193.03/180.56㎡	32.14	84	14
			322	

미성 2차

단지	미성 2차
위치	압구정동 397
사용승인일	1987.12.
대지면적	12,548.65㎡
용적률	233%
동/세대/층	9동(21-29)/911세대/15-17층
주차	1093대/세대당 1.19대

평형	공급/전용	지분	세대수	층
32	111.97/84.85㎡	10.96	459	17
47	163.91/139.5㎡	17.47	180	15
56	193.03/180.56㎡	20.75	272	17
			911	

(2) 압구정 특별개발구역 2: 신현대 9, 11, 12차 아파트로 구성

신현대아파트는 남쪽으로 현대 9차, 북쪽으로 현대 12차, 중간에는 현대 11차 아파트가 위치하고 27개동(101동-127동), 총 1,924세대로 구성되어 있다.

현대 9차는 101-107동, 현대 11차는 108-112동, 125-127동, 현대 12차는 113-124동으로 이루어져 있고, 35-36평, 39평형이 872세대 그리고 50평 이상이 1,052세대이다. 기본적으로 대형 평형 위주로 구성되어 있고, 40평형대가 없어 단지 내에서 30평대에서 50평대로 갈아타기 힘들어 상대적으로 타 구역에 비해 단지 내 상위 평형으로 갈아타기 매매 수요가 활발하지 않다. 그래서 타 단지 큰 평형으로 이사한 후 돌아오는 사례가 많다.

101-105동, 115동(1-4호 라인), 116동, 119동, 122동은 35평이고, 110, 126동은 36평과 38평이라고 되어 있으나 실면적 35평과 동일하다. 그리고 대지지분은 큰 차이가 없다. 115동의 5-8호 라인은 39평으로 실면적은 3평 정도 크다. 101-105동은 압구정역과 현대백화점이 가까워 35평에서 선호하는 동이었다. 104, 105동이 가장 선호하는 동이었지만 103동 5-8호/101동 1-4호 라인도 전망이 트여 선호 아파트라인으로 분류된다. 현재는 한강조망권으로 115동 및 116동의 선호도가 높아져 있다.

단지 중앙에 위치한 106, 107동은 50평형으로 인기동으로 분류되고 51평형보다 대지지분이 약간 더 크다. 11차 110동은 36평형으로 공원이 가깝고 한강조망권이 있다. 126동 1-3호 라인은 남향, 4, 5호 라인은 서향인데 압구정역과 현대백화점이 가까운 장점이 있다. 111동과 112동은

57평형으로 조용한 동이고 111동 1, 2호는 한강조망이 있다. 113동은 60평형으로 6층 이상은 한강조망이 있고 114동은 56평형으로 1, 2호는 한강조망이 있다. 115동 1, 2호는 서향이지만 거실한강조망이 있고, 3, 4호는 남향이고 한강조망이 있다. 5, 6호는 39평으로 남향이고 한강조망이 있다.

116동은 동호대교 코너에 위치하여 과거에는 가장 비선호동으로 분류되어 있지만 구현대 3차 33평형처럼 한강조망권으로 선호도가 높아져 있다. 119동, 122동은 35평형으로 동호대교 변에 위치하고 압구정역과 현대백화점에 접근도가 좋아 생활이 편리하다. 117, 118동은 51평형으로 한강조망이 좋아 선호동으로 바뀌었다. 120, 123동은 56평형, 121, 124동은 51평형으로 단지 중앙에 위치하고 있어 생활환경이 편리하지만 저녁에 주차에 어려움을 겪는다.

108, 109, 125, 127동은 61평형으로서 거주주민의 주거선호가 서로 다르다. 125동은 조용하고 독자 주차장이 있고, 127동은 주차환경이 가장 편리하고 남향뷰가 트여 있지만 압구정 공영주차장 때문에 소음이 있다. 108, 109동은 앞뒤로 주차장이 있지만, 동 앞에 통과도로가 있어 다소 소음이 있고 저층은 단지 내 통과도로로 인해 프라이버시가 떨어진다.

초등학교 배정은 단지중앙도로 기준으로 좌측은 신구초등학교, 우측은 압구정초등학교에 배치된다. 따라서 대부분의 압구정 아파트주민은 초등학교까지는 구현대아파트에 거주하는 것을 선호한다.

신현대아파트 단지인 압구정 2구역은 동호대교 남단에 3호선 압구정역과 현대백화점이 위치하고 있고 127동 남단의 공영주차장이 공원으로 계획되고 있다. 또한 서측으로는 현대고와 신사공원, 북측으로는 산책로공원과 한강공원이 위치하고 있어 4면에서 조망권이 확보되어 있고, 단지 주변으로 다수의 공원이 있어 재건축 후에 주거환경이 압구정 단지에서 대다수 세대 중 가장 우수하다고 할 수 있다. 그리고 4만 평 면적의 한강공원의 접근성 또한 우수하고 한강공원의 시설과 규모가 월등해 쾌적하고 질 높은 공원 사용이 보장된다. 용적률이 174%로 압구정 6구역 중에서 가장 낮아서 재건축사업의 사업성과 미래 아파트 단지의 가치가 가장 우수하다. 또한 단지 밖으로 상가가 배치되어 있어서 상가 문제로 인한 재건축사업 진행에 문제가 없다.

그리고 2023년 6월에 설계사가 dA건축사무소로 선정되었다. 프랑스 건축가 도미니크 페로와 미국의 조경 전문가 피터 워커와의 협업으로 당선된 dA건축의 설계 안은 단지의 배치도와 구성이 기존 강남 재건축 아파트 단지와 차별화되어서 현재의 설계 안으로 재건축이 진행되면 서울 안에서 청담동, 한남동 등 고급 주택 단지를 넘어서는 가장 고가의 아파트 단지가 될 것으로 예상된다.

신현대 9차

단지	신현대 9차
위치	압구정동 426
사용승인일	1982.05.
대지면적	43,128.6㎡
용적률	171%
동/세대/층	7동(101-107)/600세대/12-13층
주차	2800대/세대당 1.45대

평형	공급/전용	지분	세대수	층
35	115/84.75㎡	17.66-18.4	288	13
36	119.91/84.78㎡	17.66	144	13
50	165/139.72㎡	26.70	168	12
			600	

신현대 11차

단지	신현대 11차
위치	압구정동 433
사용승인일	1983.06.
대지면적	52,548.9㎡
용적률	176%
동/세대/층	(108-112, 125-127)/559세대/13층
주차	2800대/세대당 1.45대

평형	공급/전용	지분	세대수	층
36	115/84.75㎡	18.90	65	13
39	119.91/84.78㎡	20.25	52	13
57	165/139.72㎡	28.80	130	13
61		30.84	312	13
			559	

신현대 12차

단지	신현대 12차
위치	압구정동 434
사용승인일	1982.12.
대지면적	60,626.46㎡
용적률	180%
동/세대/층	12동(113-124)/765세대/13층
주차	2800대/세대당 1.45대

평형	공급/전용	지분	세대수	층
35	115/84.78㎡	18.21	152	12
36	119/84.78㎡	18.21	116	13
39	128/94.80㎡	20.25	55	13
51	168/142.90㎡	26.25	208	13
56	185/157.73㎡	28.76	156	13
60	198/169.72㎡	30.88	78	13
			765	

압구정 재건축의 현황과 미래가치

(3) 압구정 특별계획구역 3: 현대 1-7차, 사원현대 10, 13, 14차 아파트와 대림빌라트, 현대빌라트, 대림아크로빌로 구성

현대아파트 1-7차인 구현대아파트와 현대 10차, 13차, 14차인 사원아파트와 대림빌라트, 현대빌라트, 현대 65동을 리모델링한 대림아크로빌 등 53개동, 총 3,934세대로 구성되어 있다.

압구정 6구역 중 가장 중심이고, 규모가 가장 크다(360,187㎡/92,621평). 하지만 아파트 차수 간 용적률 차이가 크고 압구정 6개 지역 중 평균 용적률이 가장 높다. 그리고 단지 내 상가가 가장 많이 분포하여 재건축사업의 사업 속도 저하와 진행의 어려움이 예상된다.

현대 1, 2차는 한강을 매립해서 만든 땅에 건축되었고, 한강조망권이 탁월해서 현재는 선호도가 가장 높은 단지이다. 10-13동(65평형), 20-25동(53, 54평형), 31-33동(43평형) 총 13개동 960세대 대형 평형으로 구성되어 있다. 하지만 뛰어난 한강조망권에 비해 주차장이 열악하고 올림픽도로 통행차량으로 인한 소음과 공해, 압구정역과의 접근성이 떨어져 과거에는 비선호동으로 분류되었다. 또한 뛰어난 조망권에 비해 용적률(255%)이 지나치게 높고 적은 대지지분으로 향후 재건축이 완성되면 현재 기존 아파트 평수보다 줄어들 수 있다. 이 중에서 10-13동, 24-25동의 한강조망권이 뛰어나지만 20-23동, 31-33동의 한강조망권은 제한되며 용적률이 높아 대지지분의 가치 평가가 추후 주목된다. 현재의 생활 여건은 불편하다고 할 수 있지만 미래가치는 크게 높아질 수 있다고 평가된다.

현대 3차는 61-64동(33평형) 총 4개동, 432세대로 이루어지고 있고,

61, 63동은 한강변, 62, 64동은 뒤편에 위치하고 있다. 용적률이 234%이고 대지지분이 12.77평으로 과거에는 압구정역에서 가장 멀고, 성수대교 옆에 위치하여 30대 평형 중 가장 비선호동이었으나 한강조망권 가치와 더불어 상대적으로 저렴한 매매가격으로 압구정으로 진입하려는 투자자로 인해 선호동으로 바뀌었다. 하지만 재건축 완성 후 같은 평형이나 큰 평형으로 선택할 수 있을지는 의문스럽다.

현대 4차는 51-56동(44평형) 6개동 170세대 5층 높이의 단지로 용적률 95% 대지지분이 36.5평으로 타 단지보다 대지지분이 월등하지만 현재 주거 2종으로 되어 있어 대지지분의 가치산정이 추후에 문제가 될 수 있다. 현재 주차가 편하고 시장이 가까워 생활환경이 우수하고 초등학교가 옆에 붙어 있어 인기동으로 선호되고 있다. 단점으로는 엘리베이터가 없다.

현대 5차는 71-72동(35평형) 총 2개동 224세대로 구성되고 있고 용적률은 170%로 압구정 현대아파트 단지의 중심부에 있다. 동 간 거리가 넓고 시야가 가리는 것이 없으면서 주차장이 편리하다. 그러면서 시장이 가깝고 생활환경이 편리하다. 초등학교에 가까워 초등학생이 있는 세대에서 가장 선호하는 동이다. 하지만 기존의 아파트 평면이 열악하여 대다수의 세대가 구조변경 리모델링을 하여 사용하고 있다.

현대 6, 7차 아파트는 기본적으로 압구정동의 랜드마크 단지이고 15개동(73-87동)으로 48평, 52평, 65평, 80평형 등 1,120세대인 대형 평수로만 구성되어 있다. 용적률이 189%로 비교적 양호하다. 81, 84, 87동은 길가 동으로 소음으로 인해서 선호도가 떨어지나 전망이 우수하다.

48평형은 73, 74동이 전통적으로 가장 선호하는 동이고 52평형은 75, 77, 78동이 전통적으로 선호동이다. 반면 82동은 금강쇼핑센터와 가깝고 전망이 좋아서, 86동은 학교에 인접한 장점이 있다. 65평형인 79, 80, 85동 중에서 전통적으로 79동이 가장 선호되는 동이고 85동은 전망이 우수하고 학교가 가까워서 선호하는 주민 층이 다르다. 그리고 강변동 65평형(대지지분 26.2평)과 대지지분을 비교하면 대지지분이 30.42평으로 훨씬 크다. 원래 7차 아파트의 65평형이 전통적으로 구현대에서 가장 선호됐던 위치의 아파트였다. 80평형인 76동은 1개동으로 56세대이고 단지 내 가장 중심부에 위치하고 있다. 대부분 리모델링이 되어 있어 구조가 평면도와 다른 경우가 많고 대지지분이 37.75평으로 가장 크다.

전통적으로 76, 79동은 압구정동 현대의 랜드마크동이다. 5-7차 아파트는 실제적으로 거주 환경이 가장 편리하며, 단지 내에 녹지공간이 많고 동 간 거리가 멀면서, 역세권에 가깝고, 초, 중, 고가 가까워 현재 주거 만족도가 가장 높은 단지이다. 하지만 1차 설계 공모전에서의 단지 배치도를 보면 기존의 장점이 전부 사라지는 배치가 되어서 5, 6, 7단지의 주민들은 향후 재건축 후 현재 단지의 주거 만족도를 보상받지 못할 수 있어 커다란 불만이 생길 가능성이 높다

현대 10차 아파트는 201, 202동 2개동으로 201동은 50평, 202동은 35평형 144세대로 구성되어 있고 용적률은 172%로 우수하다. 10차는 타 단지보다 대지지분이 크고 주차가 편리하지만 생활시설이 멀고, 단지 내 도로에 둘러싸여 비선호동으로 분류되지만 재건축 후 제자리 건축을 하면 한강조망권확보 가능성이 높아 그 가치는 크게 향상될 것으로 예상된다.

현대 13차 아파트는 208-211동 4개동 35, 36평형 23세대로 구성되어 있고 용적률이 148%로 매우 우수하고 대지지분(21.85평)이 월등히 크다. 동호대교 변에 위치하고 있어 소음이 있지만 압구정역과 백화점이 가까워 선호도가 높고 추후 재건축 후 조망권 개선으로 인한 가치가 크게 향상될 것으로 보인다.

현대 14차 아파트는 203-206동 4개동 388세대 29-31평형으로 구성되어 있고 32평으로 통칭한다. 유일하게 계단식 30평대로 평면이 우수하고 발코니가 커서 확장하면 타 아파트 30평대보다는 실사용 면적이 넓어서 주거 만족도가 크다. 203, 204동이 남향으로 선호도가 높다. 용적률은 194%로 비교적 양호하고 대지지분이 17-17.54평으로 비교적 우수하다.

현재 65동(대림아크로빌)은 2004년 현재 65동을 리모델링하여 81평형(4세대), 85평형(52세대)대로 구성되어 있다. 용적률은 240%로 매우 높고 대지지분은 35-36.58평으로 크지만 재건축사업에서 76동과 7차 65평, 1, 2차 65평과의 대지지분가치 산정이 관건이 될 것이다.

압구정 3구역은 30평대 35%, 40평대 이상 중대형이 65% 정도로 구성되어 있는 고급 주거 아파트 단지이고 주차장이 비교적 넓고 지하철과 버스 등의 대중교통 및 주요 도로를 이용한 교통의 편리성이 좋다. 그리고 단지 내 시장과 금강쇼핑센터, 은행, 각종 생활편의시설, 운동시설, 병원들의 다양한 업종과 동사무소 파출소 등 행정기관이 입주해 있다. 그리고 유치원, 압구정 초, 중, 고등학교가 위치하여 완벽한 단지생활이 가능하게 되어 있다.

하지만 이러한 각종 상가 및 학교의 위치가 재건축사업에서는 사업 진행의 복잡성을 만들고 결국 사업 속도를 지연시키는 문제로 보이고 있다. 재건축사업의 진행에서 단지 내 상가조합원 요구와 더불어 5, 6, 7차 1,348세대 조합원의 현재 주거 만족도를 저하시키는 재건축 설계 안은 결국 재건축사업의 진행을 지연시키거나 재건축 방향성을 잃게 할 수 있는 어려운 점으로 예상된다. 또한 압구정역 주변을 준주거로 바꾸는 현재 토지계획안은 6, 7차 아파트 주거 만족도를 크게 해칠 수밖에 없고 제자리 건축을 주장하는 1, 2차 아파트 조합원과 한강조망권, 대지지분 크기, 대지지분의 가치 등의 감정평가에 대한 첨예한 대립이 생길 수밖에 없다. 압구정 3구역 구현대아파트 단지가 압구정동의 중심이고 현재 대장주라고 평가하지만 미래 재건축 후의 단지 상황은 전혀 예측할 수 없다. 전체 단지의 기존 용적률이 너무 높고 일부 조합원은 평수를 줄여야만 하는 상황을 맞이할 수밖에 없고, 또한 70층 높이로 건축을 해야지만 단지의 쾌적성과 한강조망권이 나올 수밖에 없어 공사비 증가로 인한 추가분담금이 예상보다 더 많아질 것으로 예상된다.

또한 각 아파트 차수별로 용적률, 대지지분, 한강조망권 등이 문제가 되며 주거편의성, 주거 만족도 등의 복잡하고 첨예하게 대립할 수밖에 없는 요인들을 재건축사업 진행에서 어떻게 풀어 가는지는 매우 흥미로운 관전 포인트이다.

현재의 압구정동의 대장주가 과연 미래의 대장주가 될 것인지는 시간을 가지고 지켜볼 일이다.

현대 1, 2차

단지	현대 1, 2차
위치	압구정동 369-1
사용승인일	1976.06.
대지면적	72,674㎡
용적률	255%
동/세대/층	13동(10-13, 20-25, 31-33)/960세대/12-15층
주차	720대/세대당 0.75대

평형	공급/전용	지분	세대수	층
43	141.74/131.48㎡	17.57	216	12
53	172.62/160.28㎡	21.97	224	15
54	176.88/161.19㎡	21.97	220	12
65A	211.23/196.21㎡	26.28	120	15
65B	211.78/196.84	26.28	180	15
			960	

압구정 재건축의 현황과 미래가치

현대 3, 4차

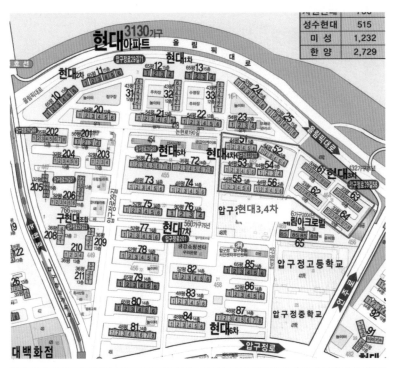

단지	현대 3차	현대 4차
위치	압구정동 369-1	압구정동 462
사용승인일	1976.11.	1977.07.
대지면적	13,049㎡	18,497.9㎡
용적률	234%	95%
동/세대/층	4동(61-64)/432세대/12층	6동(51-56)/170세대/5층
주차	864대/세대당 2대	420대/세대당 2.47대

평형	공급/전용	지분	세대수	층
33	109/㎡	12.77	432	12
44	145/8㎡	36.50	170	5
			602	

현대 5, 6, 7차

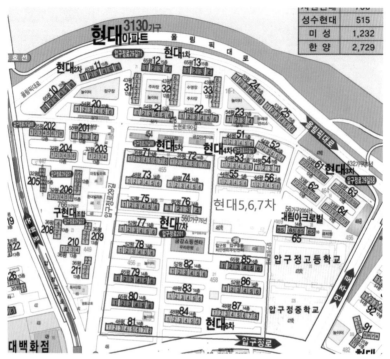

단지	현대 5차	현대 6, 7차
위치	압구정동 455	압구정동 456
사용승인일	1977.12.	1978.09.
대지면적	16,033㎡	63320.9㎡
용적률	170%	189%
동/세대/층	2동(71-72)/224세대/14층	15동(73-87)/1,288세대/14층
주차	448대/세대당 2대	1120/세대당 0.86대

평형	공급/전용	지분	세대수	층
35	113.96/82.23㎡	17.64	224	14
48	156.67/144.7㎡	22.39	560	14
52	170.23/157.36㎡	24.20	420	14
65	212.93/196.7㎡	30.42	252	14
80	264.87/245.2㎡	37.75	56	14
			1,512	

압구정 재건축의 현황과 미래가치

현대 65동(대림아크로빌)

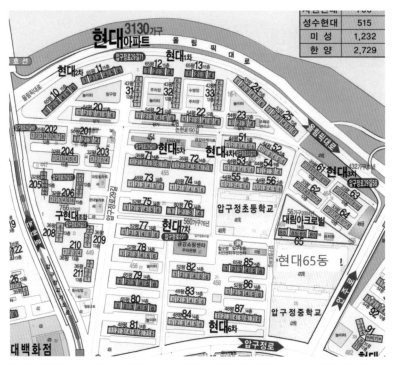

단지	대림아크로빌(현대 65동)
위치	압구정동 469
사용승인일	1979.06.
대지면적	6,544㎡
용적률	240%
동/세대/층	1동(61-64)/56세대/14층
주차	89대/세대당 1.58대

평형	공급/전용	지분	세대수	층
81	270.42/233.4㎡	35.00	4	14
85	281.81/243.23㎡	36.58	52	14
			56	

현대 10차

단지	현대 10차
위치	압구정동 436
사용승인일	1982.06.
대지면적	10,740㎡
용적률	172%
동/세대/층	2동(201,202)/144세대/12층
주차	187대/세대당 1.29대

평형	공급/전용	지분	세대수	층
35	115.41/108㎡	17.66	96	12
50	164.59/151.93㎡	25.11	48	12
			144	

압구정 재건축의 현황과 미래가치

현대 13, 14차(사원현대)

단지	현대 13차	현대 14차
위치	압구정동 447	압구정동 448
사용승인일	1984.09.	1987.04.
대지면적	16,900㎡	19,392㎡
용적률	150%	194%
동/세대/층	4동(208-211)/234세대/13층	4동(203-206)/388세대/13-15층
주차	201대/세대당 0.85대	371대/세대당 0.95대

평형	공급/전용	지분	세대수	층
29	96.49/84.94㎡	17.44	90	13
30	99.4/84.56㎡	17.00	13	15
31	99.48/84.98㎡	17.54	285	15
35	116/105㎡	21.85	104	13
36	119/108㎡	21.85	130	13
			622	

(4) 압구정 특별계획구역 4: 현대 8차와 한양 3, 4, 6차 아파트로 구성

현대 8차와 한양 3, 4, 6차 아파트 16개동, 1,341세대로 구성되어 있다. 30평대 833세대 62% 및 40평대 이상 중대형이 508세대, 약 38%로 구성되어 있다.

현대 8차는 91-95동 5개동, 515세대로 성수대교 변에 위치하고 있고 용적률은 178%로 우수하다.

91동은 36평형, 94, 95동은 34평형으로 대지지분이 19.00-19.06평으로 타 단지보다 크고 92, 93동은 54평형으로 대지지분이 28.4평이다. 단지 내 상가가 있고 생활이 편리하지만 성수대교 및 올림픽도로, 압구정로 등으로 소음과 공해에 노출되고 지하철역과 학교가 멀어서 과거 현대아파트에서는(압구정초, 압구정중학교에 배치된다) 비선호단지로 분류됐지만 재건축 후에는 dA건축사무소의 설계당선안에 의한 단지 배치도가 우수해서 강변조망 및 정원조망권의 가치를 향상시켜 미래가치가 대폭 향상될 것으로 예상된다.

한양 3차 아파트는 5개동(31-36동) 38, 39, 55평 312세대, 용적률 198%로 이루어져 있다. 대지지분은 각 17.71, 17.93, 25.49평으로 되어 있다. 수인분당선 압구정로데오역과 갤러리아 백화점 이용에 가깝고 39평형은 계단식이고 욕실 2개로 주거 만족도가 좋지만 주차공간이 협소하고 대로변에 노출되어 있는 단점이 있다.

한양 4차는 4개동 41-45동 286세대 26, 33, 34, 69평형과 용적률 187%로 구성되어 있다. 실질적으로 성수현대와 같은 생활권이다. 단지 내 중앙공원으로 동 간 간격이 넓어 쾌적한 주거환경을 가지고 있다. 하지만

33, 34평의 대지지분이 15.11평으로 상대적으로 적다. 대조적으로 69평형은 36.08평으로 대지지분이 크지만 재건축 과정에서는 대지지분의 가치를 찾지 못할 가능성이 크다.

한양 6차는 2개동 61-62동 227세대 35, 50, 53평형 227세대로 비교적 낮은 용적률 170%로 구성된 쾌적한 단지이고 한양 4차와 더불어 성수현대와 같은 생활권이다.

타 단지보다 대지지분이 많은 편이다. 한양 3, 4, 6차는 모두 청담초등학교, 청담중학교로 주로 배정된다. 압구정 5구역과 통합 재건축 논의를 하고 있지만 실행 여부는 미지수이고 만약 통합 재건축이 가능하면 2,573세대 규모의 적정성을 확보하여 단지의 쾌적성과 다양한 커뮤니티 시설의 확보가 가능해서 미래가치를 높일 수 있다.

압구정 4구역은 소형 평수의 비율이 높아서 재건축 아파트 단지 고급화의 걸림돌이 될 수 있지만, 재건축 후에 압구정 어느 단지보다 단지의 가치가 가장 높아질 것으로 예상된다.

현대 8차(성수현대)

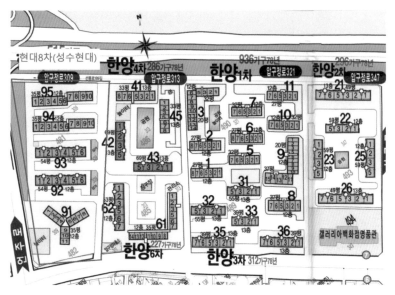

단지	현대 8차(성수현대)
위치	압구정동 481
사용승인일	1980.09.
대지면적	22,095㎡
용적률	178%
동/세대/층	5동(91-95)/515세대/12층
주차	430대/세대당0.83대

평형	공급/전용	지분	세대수	층
34	115.26/107㎡	19.00	240	12
36	119.65/111.5㎡	19.06	131	12
54	177.73/163.67㎡	28.40	144	12
			515	

한양 3차

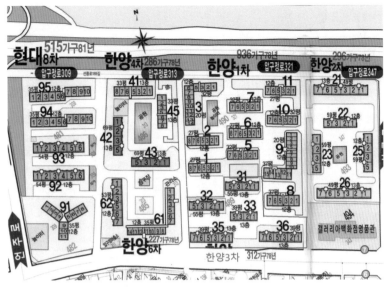

단지	현대 3차
위치	압구정동 489
사용승인일	1978.11.
대지면적	21,073.5㎡
용적률	198%
동/세대/층	5동(31-36)/312세대/13층
주차	156대/세대당 0.5대

평형	공급/전용	지분	세대수	층
38	127.07/116.94㎡	17.71	192	13
39	129.77/119.64㎡	17.93	16	13
55	176.43/161.9㎡	25.49	104	13
			286	

한양 4차

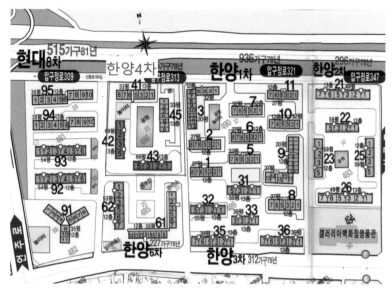

단지	한양 4차
위치	압구정동 486
사용승인일	1978.12.
대지면적	21,613.10㎡
용적률	187%
동/세대/층	4동(41-45)/286세대/13층
주차	143대/세대당 0.5대

평형	공급/전용	지분	세대수	층
26	85.52/79.07㎡		1	13
33	108.46/101.09㎡	15.11	175	13
34	112.13/104.76㎡	15.11	6	13
69	226.56/208.65㎡	36.08	106	13
			286	

한양 6차

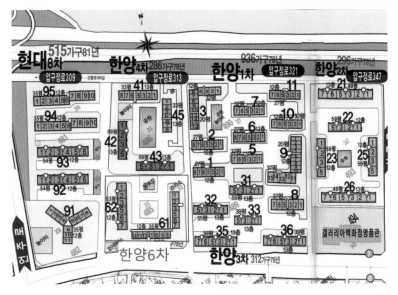

단지	한양 6차
위치	압구정동 489
사용승인일	1980.12.
대지면적	8768.1㎡
용적률	170%
동/세대/층	2동(61-62)/227세대/23층
주차	136대/세대당 0.59대

평형	공급/전용	지분	세대수	층
35	127.07/116.94㎡	19.12	155	12
50	165.02/164.69㎡		6	12
53	168.7/154.12㎡	27.74	66	12
			227	

(5) 압구정 특별계획구역 5: 한양 1, 2차 아파트

한양 1, 2차 아파트는 15개동 1,232세대로 구성되어 있고 1차는 소형 위주, 2차는 대형 위주의 단지이다.

한양 1차는 10개동(1-11동) 20, 27, 32, 37, 41, 51평형으로 구성되어 있고 용적률은 212%이다.

3동, 7동, 11동 등이 한강조망이 가능하고 현대아파트에는 없는 20, 27 평이 있고 한강조망권이 있어 압구정 재건축 투자에 진입하기에는 상대적으로 수월한 단지이다. 다만, 대지지분이 지나치게 적어서 9평(20평형), 11평(27평형)으로 사업성에는 다소 떨어진다고 할 수 있다. 반면 소형 평수가 많아서 재건축 후 세대 증가가 적어지고 임대비율이 적어지는 효과가 있다. 특히 소형 평수는 재건축 후 가치가 크게 향상되고 주거의 편의성과 만족도가 크게 늘어날 것으로 예상된다.

한양 2차는 5개동(21-26동) 296세대 49, 58, 87평 및 용적률은 143%로 구성되어 있다.

48평형 21동은 한강조망이 우수하고 탑 층에는 87평 2세대가 있어 추후 펜트하우스의 배정이 확실해 보인다. 한양 2차는 대형 평형으로 구성되어 있고 단지의 쾌적성과 거주생활환경의 편리성을 동시에 갖추고 있는 가장 선호되는 단지이다. 재건축 이후에는 가장 선호되는 단지가 될 수 있다.

단지 한양 1차와 2차의 커다란 용적률 차이로 인한 대형 평수의 대지지분가치 평가에서 불리할 수 있고, 5구역에 지나치게 소형 평수가 많아서 추후 단지 설계 시 아파트 배치의 문제점이 있을 수 있지만 단지의 한강변 길이가 상대적으로 길어 재건축 단지 설계 시 전 세대의 한강조망이 이루어지면 한양아파트 단지 전체에서는 생활환경의 편리성, 초, 중, 고의 근접성, 청담동 명품 거리와 상권, 갤러리아 백화점의 인접성과 함께 아마도 미래가치가 가장 높아질 단지로 예상된다. 11월에 선정된 해안건축의 당선설계안을 보면 전조합세대의 한강조망과 커다란 단지공원 조성으로 명품 단지의 기대를 갖게 한다.

하지만 재건축 조합의 상황을 보면 2024년 조합장 선거 전까지 현재 조합장의 역할이 상대적으로 소극적이어서 재건축 진행 속도 여부는 2024년 새 조합장 선출 이후 판단할 수 있다.

한양 1차

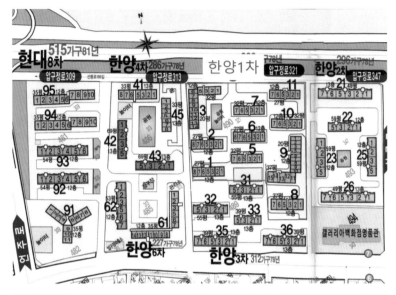

단지	한양 1차
위치	압구정동 490
사용승인일	1977.12.
대지면적	38,323㎡
용적률	212%
동/세대/층	10동(1-11)/936세대/12층
주차	561대/세대당 0.59대

평형	공급/전용	지분	세대수	층
20	65.45/49.98㎡	9.00	216	12
27	83.31/60.07㎡	11.00	324	12
32	102.75/78.05㎡	14.00	252	12
37	121.76/91.21㎡	16.00	120	12
41	134.87/103.81㎡	18.00	12	12
51	168.79/121.32㎡	21.00	12	12
			936	

압구정 재건축의 현황과 미래가치

한양 2차

단지	한양 2차
위치	압구정동 493
사용승인일	1977.12.
대지면적	26,855㎡
용적률	143%
동/세대/층	5동(21-26)/296세대/12-13층
주차	147대/세대당 0.49대

평형	공급/전용	지분	세대수	층
49	160.57/147.41㎡	24.40	150	12-13
58	192.55/175.92㎡	29.54	144	12
87	286.35/264.3㎡		2	13
			296	

(6) 압구정 특별계획구역 6: 한양아파트 5차, 7차, 8차로 구성

한양 5차, 7차, 8차 아파트는 7개동 총 672세대로 구성되어 있다. 1-6 구역 중에 가장 세대수가 적고, 토지면적이 작아서 재건축 후에 단지의 시너지가 생길지는 미지수다. 향후 청담동 생활권으로 분류될 수 있다.

한양 5차는 4동(51-55동) 32평, 40평, 54평 343세대, 용적률은 192%로 구성되어 있다. 갤러리아 백화점 서관후면에 위치하고 있고 수인분당선 압구정로데오역이 근접하여 있다.

한양 7차는 2개동(71, 72동) 35평, 46평형 239세대, 용적률은 169%로 이루어져 있다. 특히 71동 46평형은 주차공간이 넓고 한강조망이 아주 우수하고 청담초, 중, 고에 근접하여 한양아파트 랜드마크동으로 불려지고 있다.

한양 8차는 1개동(81동) 64, 66, 67평으로 총 90세대로 용적률 175%로 구성되어 있고 한양 7차 71동과 더불어 한양아파트 랜드마크동으로 불려지고 있다. 71동과 마찬가지로 한강조망이 아주 우수하고 주차가 편리하면서 대지지분이 높아서 단독재건축을 원하고 있다. 그리고 한양 2 차와 더불어 한강공원 접근성이 우수하지만 한강공원이 도로로만 구성되어 산책로 정도로만 쓸 수 있어 공원으로 사용성은 상대적으로 미흡하다.

압구정 6구역은 71동, 81동의 우수한 한강조망권, 주차의 편리성으로 재건축사업의 필요성에 대한 요구도가 상대적으로 적고 또한 72동에서 오래전에 기존 재건축 조합이 설립되어 있어 81동과 71동 주민들이 72

동의 기존 재건축 조합과의 통합 조합을 만드는 것에 대한 반대가 크다. 그래서 향후 재건축의 진행에는 물음표가 있을 수 밖에 없다.

한편 81동이 단독 재건축을 할 수 있으면 인근의 청담동 하이엔드 아파트 입지 조건보다 훨씬 우수하고 그 가치가 상대적으로 높아서 81동 주민은 통합재건축을 굳이 찬성하지 않고 있다. 이러한 부분이 6구역에서의 재건축 진행을 어렵고 복잡하게 만들고 있다. 하지만 그 미래는 누구도 예상할 수 없다. 그렇지만 6구역은 단지 규모가 작은데도 불구하고 재건축이 완성되면 청담동 어느 고급 빌라나 하이엔드 아파트보다도 그 가치가 높아질 것으로 예상된다. 우수한 한강조망, 편리한 한강공원 접근성, 인접한 초, 중, 고, 갤러리아 명품관 및 청담동 고급 상권의 접근성 등 모든 것이 완벽한 단지로 탄생될 것이다. 추가로 청담고등학교의 잠원동 이전 계획은 현재 부지에 대한 향후 개발 계획에 따라 단지의 가치가 더욱 향상될 수가 있다.

한양 5차

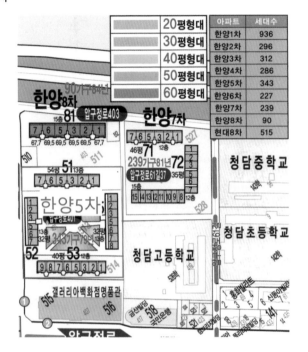

아파트	세대수
한양1차	936
한양2차	296
한양3차	312
한양4차	286
한양5차	343
한양6차	227
한양7차	239
한양8차	90
현대8차	515

단지	한양 5차
위치	압구정동 513
사용승인일	1979.11.
대지면적	21,164.1㎡
용적률	192%
동/세대/층	4동(51-55)/343세대/12, 13층
주차	172대/세대당 0.5대

평형	공급/전용	지분	세대수	층
32	108.27/100.54㎡	15.09	169	13
40	110.65/102.35㎡	19.11	96	12
54	168.46/153.59㎡	25.59	78	13
			343	

한양 7차

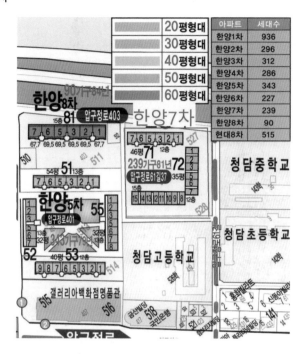

아파트	세대수
한양1차	936
한양2차	296
한양3차	312
한양4차	286
한양5차	343
한양6차	227
한양7차	239
한양8차	90
현대8차	515

단지	한양 7차
위치	압구정동 528
사용승인일	1981.04.
대지면적	8669.5㎡
용적률	169%
동/세대/층	2동(71-72)/239세대/12층
주차	120대/세대당 0.5대

평형	공급/전용	지분	세대수	층
35	114.55/106.22㎡	10.11(체9.09)	167	12
46	151.04/137.55㎡	12.62(체11.66)	72	12
			239	

한양 8차

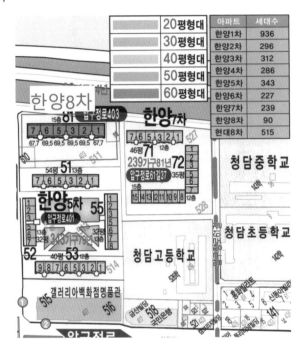

단지	한양 8차
위치	압구정동 510
사용승인일	1981.04.
대지면적	1,661㎡
용적률	175%
동/세대/층	1동(81)/90세대/15층
주차	108대/세대당 1.2대

평형	공급/전용	지분	세대수	층
64	214.49/200.99㎡	34.00	12	15
66	218.38/204.64㎡	34.90	26	15
67	224.21/210.1㎡	35.40	52	15
			90	

압구정 재건축의 현황과 미래가치

(7) 압구정 1-6구역 재건축 진행현황 총정리(2023.09.30. 기준)

구역	단지명	세대수	준공연도		진행상황
1구역 1,223세대	미성 1차	322세대	1982.11.	1, 2 통합 신통 무산	1차 단독재건축 추진 중 아파트/상가 필지가 분리되어 있어 상가 제척 추진 중
	미성 2차	911세대	1987.12.		
2구역 1,924세대 → 2,700세대 예상	신현대 (현대 9, 11, 12차)	1,924세대	1982.05.		2021.04. 조합설립인가 설계안 선정 (dA건축) 정비계획변경 진행 중 신통안 결정 지구단위계획가결
3구역 3,934세대 → 5,810세대 예상 일반분양 1,273세대 예상 (임대 631세대 포함)	압구정 현대 1, 2차	960세대	1976.06.	신통	2021.04. 조합설립인가 1차 설계 공모 무효 다시 12월 설계 공모 (설계안 희림건축당선) 신통안 결정 지구단위계획가결
	압구정 현대 3차	432세대	1976.11.		
	압구정 현대 4차	170세대	1977.07.		
	압구정 현대 5차	224세대	1977.12.		
	압구정 현대 6, 7차	1,288세대	1978.09.		
	압구정 현대 10차	144세대	1982.06.		
	압구정 현대 13차	234세대	1984.07.		
	압구정 현대 14차	388세대	1987.04.		
	현대빌라트	19세대	1996.08.		
	대림빌라트	19세대	1998.10.		
4구역 1,341세대 → 2,138세대 예상 일반분양 864세대 예상 (임대 105세대 포함)	현대 8차	515세대	1981.04.		2021.02. 조합설립인가 설계안 선정 (dA건축) 신통안 결정 지구단위가결 정비계획변경 준비 중
	한양 3차	312세대	1978.11.		
	한양 4차	286세대	1978.12.		
	한양 6차	227세대	1980.12.		
5구역 1,232세대 → 1,540세대 예상 일반분양 278세대 예상 (임대 700여 세대 포함)	한양 1차	936세대	1977.12.		2021.02. 조합설립 설계안 선정 (해안건축) 신통안 결정 지구단위계획가결
	한양 2차	296세대	1978.09.		
6구역 672세대	한양 5차	343세대	1979.11.	미정	재건축추진협의회가 있으나 5, 7차만 별도 진행하는 분위기
	한양 7차	239세대	1981.04.		
	한양 8차	90세대	1984.06.		

(8) 압구정 1-6구역 대지지분 총정리

① 압구정 1구역 대지지분

단지	동	평형	평방미터	대지지분(평)
미성 1차	3	34	62	18.76
	2	50	91	27.53
	1	58	106.4	32.19
미성 2차	24, 28, 29	32	36.3	10.98
	23, 25	47	57.8	17.48
	21, 22, 26, 27	56	68.6	20.75

② 압구정 2구역 대지지분

단지	동	평형	평방미터	대지지분(평)
신현대 9, 11, 12차	101-105	35	62.9	19.03
	115, 116, 119	35	60.2	18.21
	110,	36	62.4	18.88
	126	38	62.4	18.88
	115	39	60.77	20.38
	106, 107	50	88.3	26.71
	117, 118, 121, 124	51	86.8	26.26
	114, 120, 123	56	95.1	28.77
	111, 112	57	95.2	28.80
	113	60	102.1	30.89
	108, 109, 125, 127	61	102	30.84

압구정 재건축의 현황과 미래가치

③ 압구정 3구역 대지지분

단지	동	평형	평방미터	대지지분(평)
현대 1, 2차	31-33	43	58.1	17.6
	24, 25	53	72.7	21.99
	20-23	54	72.7	21.99
	10-13	65	86.9	26.29
현대 3차	61-64	33	42.3	12.8
현대 4차	51-56	44	111.5	36.65
현대 5차	71, 72	35	58.4	17.67
현대 6, 7차	73-74, 81, 83, 84, 87	48	74	22.38
	75, 77, 78, 82, 86	52	80-81.8	24.2-24.74
	79, 80, 85	65	101	30.55
	76	80	125	37.81
현대 10차	202	35	62.9	17.7
	201	50	83.1	25.14
현대 13차	208-211	36	72.3	21.87
현대 14차	203-206	32	57.65-58	17.44-17.54
현대 65동	81, 85			36.69
대림빌라	63, 76			25.4
현대빌라	61, 73			25.89

④ 압구정 4구역 대지지분

단지	동	평형	평방미터	대지지분(평)
현대 8차	91, 94, 95	35	63	19.06
	92, 93	54	93.54	28.30
한양 3차	33, 35, 36	38	58.6	17.73
	33, 35, 36	39	59.3	17.93
	31, 32	55	84.3	25.5
한양 4차	41, 45	33	50	15.13
	42, 43	69	119.3	36.09
한양 6차	61	35	63.5	19.12
	62	53	91.7	27.74

※ 현대 91-95동 체비지 있음

⑤ 압구정 5구역 대지지분

단지	동	평형	평방미터	대지지분(평)
한양 1차	3, 9	20	29.8	9.01
	1, 2, 6, 11	27	36.4	11.01
	3, 5, 7, 10	32	46.3	14.01
	8, 9	37	52.9	16
	3	51	69.5	21
한양 2차	21, 26	49	80.9	24.41
	22, 23, 25	59	97.7	29.55

⑥ 압구정 6구역 대지지분

단지	동	평형	평방미터	대지지분(평)
한양 5차	52, 55	32	49.9	15.09
	53	40	63.2	19.12
	51	54	84.7	25.62
한양 7차	72	35	63.25	19.13
	71	46	80.86	24.46
한양 8차	81	69	120.2	36.36

※ 한양 61, 62, 71, 72, 81동은 체비지 있음

압구정 재건축의 현황과 미래가치

4) 압구정 2, 3, 4, 5구역 설계안 (배치도 및 평면도)

(1) 2구역 dA/삼우/ANU

dA 당선 설계안

삼우 설계안

ANU 설계안

압구정 재건축의 현황과 미래가치

(2) 3구역 2차 설계 공모안 희림/해안

희림 당선 설계안

해안 설계안

압구정 재건축의 현황과 미래가치

(3) 4구역 dA/건원/정림/토문

dA 당선 설계안

건원 설계안

정림 설계안

토문 설계안

(4) 5구역 해안/건원/ANU

해안 당선 설계안

건원 설계안

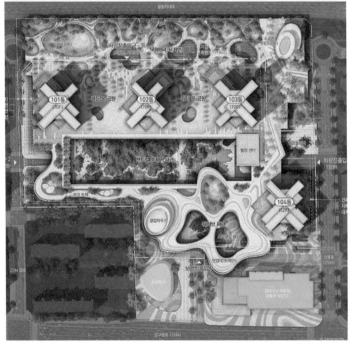

ANU 설계안

(5) dA 압구정 2구역 당선 설계안 요약표

세대수	2602세대
임대/분양수	임대 288세대: 231(59형)/57(84형) 분양 390세대: 216(59형)/174(84형)
평형 Type/세대수	59형: 447세대 84:397(166조합)(소형) ———————— 103:326 115:357 134:222 150:222(중형) ———————— 170:63 185P:171 192T:49 212P:58 234:P:30 350P:5(대형)
팬트숫자	313세대(185/192/212/234/350형)
정문진입로폭	22m
정원/조경면적	36,000평
주동수	6개동(49F)
주동층 세대수	8세대
공공보행로	외부인 동선분리/6m 단차로 분리
정원/공원 특징	폭 240m 원형정원, 1km 실내산책로 그랑아페제, 살롱아페제, 프롬나트아페제
주차장	6739대: 출입구로 분리, 조합원 세대당 3대 조합원, 분양/임대 분리, 주차 후 이동동선 짧음
한강조망 (거실창문뷰)	82%, 200-240m 공원 폭으로 많은 세대 조망 확보

동 간 거리/간섭	주동거리 충분하게 확보 및 평형사선 배치로 간섭 적음 모든 세대에서 조망권 및 개방감 극대화
층고/천장고	3.5/3.0m
1층 세대 높이	조합원 1층이 기존 신현대APT 7층 높이로 한강조망 확보 동호대로 소음 분리
레벨	1층 높이가+38레벨 (+17m+6m 베르사이유공원+2개층 커뮤니티 12m+로비) **주동 레벨이 전부 동일** **전체 단지 레벨이 같다**
동호대교/소음방지	이격배치 및 동호대교(+28)보다 높은 위치 1층(+38) 배치 소음방지대응
전체적인 특징	① 조합원을 위한 단지(조합원 위주의 설계) ② 유럽풍 클래식한 디자인 ③ 프라이버시를 중요시한 설계 ④ 조합원 한강조망세대 많음. 추후 동호수 배정 시 분규 적음 ⑤ 주차대수가 적음 ⑥ 중앙공원의 역할이 한강조망권 확보 세대 간섭 줄이는 역할 ⑦ 각 동 세대 배치의 동선이 완전 분리됨(개별 엘리베이터) ⑧ 같은 층에 창고

(6) dA 압구정 2구역 당선 설계안 특징

① 한강조망

- 1-4층(필로티, 로비, 부대시설로 구성)까지는 세대를 구성하지 않고
5층(기존 아파트 8층 높이)부터 세대가 구성되어 동호대교보다 9m,
올림픽대로보다 16m 높은 곳에 위치함으로써 가장 낮은 세대도 한
강조망 가능.
- 한강변에는 대지 양쪽 끝에만 주동(2동)을 배치하고 가운데는 비워

두어 240m의 한강조망폭을 가지게 되어 한강변 뒤에 배정 받은 세대도 광폭으로 공평하게 한강조망 가능.

② 정원

- 최소 주동 계획을 통해 36,000평의 조합원 전용 외부공간을 조성(옥상정원 포함).
- 프랑스의 베르샤유 정원을 모티브로 하고 있으며, 기하학적 형태의 조경공간은 고급스러움을 담음.
- 금강소, 용버들 및 로얄 퍼플 등을 식재하여 사계절 변화하는 정원을 느낄 수 있도록 계획.
- 향후, 숲으로 조성될 것으로 고려해 교목(큰나무)이 자랄 수 있도록 1.2m 이상(교목을 식재를 위한 최소 깊이)의 토심을 확보하였음.

③ 프라이버시

- 주동을 'U' 자 형태로 배치하여 정원을 한강변으로 조성하고, 조합원 영역은 기존(해발고도 17m) 지형보다 6m 높게(해발고도 23m) 계획하여 외부동선을 완전 차단.
- 현대 고등학교로 이어지는 보행통로를 기준으로 압구정 대로변으로 임대/일반분양세대를 배치하고, 위로는 조합원 영역을 분리하여 배치(임대/일반분양 해발고도 17m, 조합원 해발고도 23m).
- 대상지 남측에서 한강변으로 이어지는 보행통로에 의한 프라이버시 확보를 위해 외부인 동선은 해발고도 17m에 조성되고, 조합원 생활공간은 그보다 6m 높은 해발고도 23m에 조성되어 있어, 조합원 프

라이버시를 확보하도록 계획.

- 임대/일반분양 주동은 조합원 주동과 100m 이상 이격하고, 그 사이
는 숲으로 조성함으로써 조합원들의 프라이버시를 확보함과 동시에
임대/일반분양도 쾌적한 주거환경을 조성하는 두 가지 효과를 가짐.

④ 주동평면(시스템)

- 동일 주동 내에서 꺾이는 부분은 동일 세대로 계획하여 프라이버시
확보, 입면에 시선 차단 패널을 설치하여 한 번 더 프라이버시를 확
보(도미니크 페로: 네덜란드 공동주택에서 적용 사례 있음).
- 주동 중앙에 4대의 공용 엘리베이터를 가지고, 각 세대 전용 엘리베
이터를 계획(같은 열에 있는 45세대만 이용).
- 같은 층에서는 옆 집을 마주치지 않기 때문에 프라이빗한 환경 조성
이 가능(공용으로 이용 시 프라이빗한 라이프 보장 안 됨).
- 엘리베이터 추가 없이 법정 대수로만 계획함.
- 현관문 옆 각 세대 창고계획.

⑤ 단위세대

- 평형대 구성은 2021년 조합원 상대로 조사한 설문 내용을 바탕으로
구성됨: 추후 설문조사로 변경 예정.
- 30평형대부터 100평형대까지 다양하게 구성(70평형대 이상은 팬트
하우스급으로 313세대 계획).
- 단위세대의 공간은 크게 가족실과 침실공간으로 분리.
- 그레이트룸은 거실, 식당, 주방, 테라스로 구성되어 넓은 공간감을

가짐.

- 그레이트룸은 두면 이상 개방되어 있어 최소 약 17m(34평 기준)의 끊김 없이 연속된 파노라마 한강조망 가능.

- 테라스는 넓은 공간감을 확보하기 위해 테라스 위로 한 개층이 오픈되어 있어 높이 7m의 공간감을 가짐. (세대 간 프라이버시 침해를 고려해 돌출형은 아님)_서울시 아파트 내 테라스 권장, 2023년 6월 7일 신문 기재.

- 평형대에 따라 부부침실뿐 아니라 자녀방도 세미 마스터룸으로 디자인(기본 침실 3개+알파룸 1개: 총 4개).

- 층고 3.5m, 천정고 3.0-3.2m

- 클린룸 계획(세탁기, 건조기, 스타일러, 세면대, 수납 등으로 구성): 외부 오염물질 차단.

- 서비스면적 극대화(최소 13평 이상 확보).

- 기둥식 적용(층간소음 해결).

⑥ 커뮤니티

- 지하 1층(데크층) 중앙에는 휘트니스, 사우나, 실내수영장, 골프장, 실내테니스 등 운동(동적) 관련 시설을 집중 배치.

- 106동 지하 1층(데크층)에는 카페테리아, 도서관, 퍼블릭 씨어터 등 정적 공간으로 계획.

- 지상 3층에는 갤러리형(실내) 산책 공간 조성(비, 눈, 미세먼지 등 실외에서 산책하기 어려울 때 사용): 길이 약 1km

- 최상층에는 각 주동 상부에 스카이라운지 조성(6개의 스카이라운지,

각 스카이라운지는 모두 다른 테마로 구성: 갤러리형 및 원실형 등).

- 각 주동에 스카이라운지 전용 엘리베이터가 따로 있어 다른 주동에 있는 스카이라운지 이용 가능.
- 집중형 스카이라운지(한 주동에 스카이라운지가 있을 경우)는 다른 주동에 거주자들이 이용하는 데 어려움이 있음.

⑦ **주차장**

- 1가구당 주차는 3.1대(지하 2개층).
- 조합원은 4곳(동서남북)에서 차량 진입 가능, 상가는 남측 2곳에서 차량 진입.
- 남측 보행통로를 기준으로 조합원 주차 영역과 상가 주차 영역을 완전 분리.

⑧ **분담금 및 시공**

- 타사 대비 일반분양주택을 70-100세대를 더 계획하여 분담금을 줄임.
- 최근 자재 및 인건비 등 폭등으로 공사 현장에서 많은 어려움을 가지고 있어, 타사 대비 최소 주동으로 계획하여 공사비 감소 및 공사기간을 단축함.

5) 신현대아파트와
타 재건축/신축 아파트 비교

(1) 재건축 아파트 비교표

① APT	압구정 신현대	반포 래미안 퍼스티지	아크로 리버파크	래미안 원베일리	반포 메이플자이
② 대지(조경)	52,208평	40,321 (17,505)	18,787(9070)	36,302	36,991
③ 용적/건폐율	174%	269%/12%	299%/19%	299%/20%	299%/17%
④ 세대수/동	1,924/27동 (12-13층)	2,444/28동 (23-32층)	1612/15동 (10-38층)	2,990/23동 (11-35층)	3,307/29동 (19-34층)
⑤ 평형비율	35-39: 872 50-61: 1,052(54%)	26-34: 1,424 44-81: 977(39%)	24-34: 1,010 45-96: 602(37%)	19-34: 1,998 41-95: 992(33%)	18-33: 2,482 38-62: 825(25%)
⑥ 임대세대	295 예정	266	85	18: 24 24: 124	18: 95 21: 100
⑦ 주차(세대당) 주차폭	2,800(1.45)	4,368(1.7) 폭 2.3m	2,973(1.84) 폭 2.5m	5,459(1.82) 폭 2.5m	5,818(1.8)

⑧ 평형비교	35평 전용: 25.7 공용: 9.85 발코니: 1.86	34평 전용: 25.73 공용: 8.81	34평 전용: 25.75 공용: 8.41	34평 전용: 25.74 공용: 8.45	34평 전용: 25.56 공용: 8.2
	51평 전용: 43.3 공용: 7.911 발코니: 4.67	52평 전용: 41.18 공용: 11.15	52평 전용: 39.36 공용: 12.9	53.2평 전용: 40.57 공용: 12.70	50평 전용: 40.98 공용: 9.24
	61평 전용: 51.5 공용: 9.96 발코니: 7.51	62평 전용: 51.30 공용: 11 층고: 2.3m	62평 전용: 46.96 공용: 15.26 층고: 2.6m	66.3평 전용: 51.1 공용: 15.36 층고: 2.5m	62평 전용: 50.15 공용: 12.74 층고: 2.5m
⑨ 한강조망			한강조망 66%	한강조망 56%	
⑩ 설계/시공	현대산업 (1982)	하우드/삼성 물산(2009)	ANU/대림 산업(2016)	ANU/삼성 물산(2023)	ANU/ GS건설

기타 아파트 용적률/건폐율: 반포자이 270%/13%, 헬리오시티 285%/19%

(2) 신규 고급 아파트 비교표

아파트	나인원한남	한남더힐	갤러리아 포레	아크로 서울 포레스트
대지	17,902평	33,792평	5,290평	5,540평
연면적	68,252평	63,053평	51,679평	162,312평
용적율	144%	120%	399%	599%
건폐율	30.71%	29%	41%	27.21%
동수/세대	9동/341세대	32동/600세대	2동/230세대	2동/280세대
지하/지상층	지하 4/5-9층	지하 2/3-12층	지하 7/45층 (171m)	지하 7/49층 (199.8m)
주차/세대당	1,594대/4.67대	1,732대/2.89대	1,504대/6.53대	750대/2.67대
건설사	롯데건설	금호건설	한화건설	DL이엔씨
평형 및 세대수	75평: 170 88평: 93 101평: 43 90평(펜트): 10 90평(슈펜): 32	26평: 133 65평: 36 74평: 131 85평: 204 91평: 61 100평: 36	70평 80평 90평 100평 4개 평형 6개 type로 구성	35-37평: 32 60평: 116 75평: 46 76-78평: 70 100평: 4 104평: 2
특징	고급 커뮤니티 고메이 494 블루보틀 아우어베이커리 가장고가아파트 층고 2.8m	12층 이하로 쾌적한 주거환경 큰 평수 층수 낮음 단지중앙코뮤니티 1층: 스크린, 사우나, 수영장, 헬스 2층: 카페, 독서실, 게스트홈, 예술품	장누벨(설계디자인) 마시오 벤뚜리 페리올로 (조경디자인) 층고 높음 2.9m 서브존/마스터존 분리	저층 층고(3.3m) 고층 층고 (2.85m)로 차별
단점	외관이 볼품 없음 입지가 별로	층간소음	상가 조성이 안됨 주거환경 떨어짐	부영호텔 개발 시 조망권 침해

(3) 비교 재건축, 고급 아파트 현황

성수동 갤러리아 포레

출처: 한화건설

단지	갤러리아 포레
위치	서울특별시 성동구 서울숲2길 32-14
준공	2011년
년면적/대지면적	51,679.54평/5,290.73평
용적률/건폐율	399%/41%
동수/세대수	2개동/230세대

층수	지하 7층/지상 45층
높이	171.5m
평형타입	70평 2타입/80평 1타입/90평 2타입/100평 1타입
시공사/설계	한화건설/장 누벨, 해안
주차	1,504대(세대당 6.53대)

서울특별시 성동구 성수동 서울숲 앞에 위치한 서울의 대표적인 주상 복합고급 아파트 중 하나이며 45층, 2개동으로 구성됐다. 230세대로 이루어져 있으며 전부 70평-100평의 초대형 평수 세대로만 이루어져 있고 한 층에 최대 3세대가 위치하고 있다.

프랑스 건축가인 장 누벨이 설계 및 디자인하였으며 건물 외관은 푸른색 유리를 이용하여 전면 커튼월로 시공되었다. 전체적인 건물 외관 디자인은 바람의 흐름에 따르는 요트의 돛대를 형상화하였다. 건물을 바라보는 각도나 햇빛에 의해 반사되는 각도에 따라 건물 유리가 초록색이나 파란색으로 보이는데 서울숲과 조화되어 십여 년이 지난 지금에도 상당히 세련되어 보인다.

단지 내부 조경은 마시모 벤뚜리 페리올로가 담당하였으며 서울숲에 위치한 만큼 숲을 메인 테마로 디자인하였다. 총 5개의 테마를 가진 정원이 있으며 유럽 고성을 콘셉트로 한 가로등을 설치하였다. 또한 29층에 위치한 스카이가든은 입주민들에게 휴식공간을 제공한다.

한강 및 서울숲조망이 매우 뛰어나기로 유명한데 맞은편에 있는 아크로 서울 포레스트가 건축됨에 따라 101동 일부 세대의 한강조망이 침해되고 있다. 각 세대는 층고가 높아 개방감이 우수하며, 수입 대리석등으로 바닥과 벽을 마감하는 등 최고급 마감재로 사용되어 있다. 또한 주방

제품과 욕실 등으로 들어가는 제품들도 고가의 명품 제품이 설치되어 있다. 그리고 하이엔드 아파트의 특징적인 차별 점인 마스터존과 서브존이라는 공간을 세대 내에 따로 두었다. 저층 세대들 중에는 별도의 테라스가 마련된 세대도 일부 존재한다.

최고급 주상복합 아파트답게 1층에는 고급스러운 호텔식 로비와 서비스가 되고 있다. 로비에 위치한 프런트 데스크에는 직원이 상주 중이고 보안이 철저하다. 또한 드롭-오프존이 함께 있어서 비를 맞지 않고도 차량을 탈 수 있다. 지하주차장은 구역과 출입구가 상가용, 입주민 전용으로 각각 분리되어 있으며 상가용은 지하 2층, 입주민 전용은 지하 3층부터 지하 6층까지다. 세대당 주차공간은 슈퍼카 소유자들이 많은 입주민들의 요구를 고려해 6.53대 정도로 제공되어 매우 넓으며 전부 광폭주차면이 적용되어 있다.

엘리베이터는 각 동마다 승객용 4대, 화물용 1대, 셔틀용 1대씩 총 6대가 설치되어 있으며, 엘리베이터를 갈아타야 하는 일부 다른 주상복합과는 달리 지하주차장까지 연결되어 있어서 편리하다. 단지 내 커뮤니티 시설로는 헬스장, 골프 연습장, 연회장, 사우나 등이 있으며 입주민 전용이다. 29층에는 입주민 전용 스카이가든이 있다. 다만 주말에는 서울의숲 공연장의 야외행사로 상당한 소음을 감내해야 하고 지하상가를 이용한 결혼식으로 외부인 출입이 혼잡스러워 주거생활의 쾌적성이 많이 떨어지는 단점이 있다. 고급 주거단지로서의 상권과 주위 환경이 다소 떨어지는 아쉬움이 있지만 강남북 접근이 좋은 도로망이 있어 자차 사용자에게 편리하다. 또한 가까운 지하철역으로 강남북 접근성이 매우 우수하다.

갤러리아 포레 평면도

232A

233B

266D

279A

298B

329C

출처: 네이버 부동산

아크로 서울 포레스트(ASF)

출처: DL이앤씨

단지	아크로 서울 포레스트 (ASF)
위치	서울특별시 성동구 왕십리로 83-21
준공	2020년
년면적/대지면적	62,312평/5,540평
용적률/건폐율	599%/27.21%
동수/세대수	2개동/280세대
층수	지하 7층/지상 49층
높이	199.98m
평형타입	35평, 36평, 37평, 60평, 62평, 63평, 75평, 76평, 77평, 78평, 100평, 104평
시공사/설계	DL이앤씨/건원
주차	750대(세대당 2.67대)

서울 성동구 성수동에 위치한 초고층 주상복합 아파트로 DL이앤씨(前 대림산업)이 시행과 시공을 모두 맡았다. 세대 구성은 전용면적 35평, 36평, 37평, 60평, 62평, 63평, 75평, 76평, 77평, 78평, 100평, 104평으로 중대형 평형대로만 구성되어 있는 단지이다. 그 중에서 기준이 되는 주력 평형은 60평형과 75평형이며, 75평형을 정확히 반으로 가른 37평형도 꽤 인기가 있다. 100평형과 104평형은 60평형과 75평형의 복층형 구조인 펜트하우스로 최상층에 각각 4세대, 2세대만 존재한다.

창틀을 최소화한 창호 사용이 특징으로 60평과 75평의 3면 개방 구조와 함께 막힘 없이 탁 트인 한강 및 서울숲조망을 볼 수 있고, 9층 이하 37평과 60평은 기준층 대비 더 높은 3.3m 층고와 그린 발코니로 서울숲의 자연환경을 향유할 수 있다. 다만 추후에 인접 토지에 부영호텔이 지어지면 상당수 세대의 조망권이 훼손될 수 있다.

오세훈 시장 시절 인허가가 난 아파트로 49층, 199m로 지어졌다. 그 이유는 초고층 건물에 적용되는 규제가 매우 많아졌고 복잡해졌기 때문이다. 이것 때문에 아크로 서울 포레스트는 1개 층과 단 2cm 차이로 법적인 초고층건물에 속하지 않는다. 아크로 서울 포레스트는 100년이 지나도 안전하고 대대손손 물려줄 수 있는 "100년 주택"을 지향한다고 한다.

규모 6.0의 강한 지진에도 견딜 수 있는 내진설계를 도입했고 실내 구조 변경이 자유로운 기둥으로 지탱하는 무량판 구조로 지었기 때문에 기둥과 배관 통로, 대피실을 제외한 세대 내 모든 벽을 허물고 마음대로 구획을 나눌 수 있어 구조 변경이 자유롭다. 일반 아파트와 비교해 더 높은 층고가 적용되었으며, 일반 아파트 대비 더 보강된 콘크리트 슬라브와 바닥 완충제, 높아진 천장 공간을 통해 층간소음을 최소화했다.

건물 외관이 뉴욕 센트럴파크에 있는 최고급 아파트인 432 파크 애비뉴와 비슷하다. 성수동 상권이 활성화 되고 다양해지면서 젊은 주민의 이용에 편리함을 주면서 수인분당선 서울숲역과 2호선 뚝섬역으로 강남북의 대중교통이용이 편리하다. 또한 강북강변도로, 동부간선도로 및 올림픽도로가 인접해 자동차로 강남북 이동이 수월하고 영동대교, 성수대교 건너면 청담동, 압구정동, 삼성동에 대한 접근도가 아주 좋다. 아직은 고급 거주지로서 주위 환경과 상권이 다소 떨어지지만 현재 가장 인기 있는 고가의 아파트 단지이다. 추후 성수동 재개발이 완성되면 강북에서 한남재개발구역과 더불어 부촌의 중심지가 될 수 있다.

아크로 서울 포레스트 평면도

116

201A

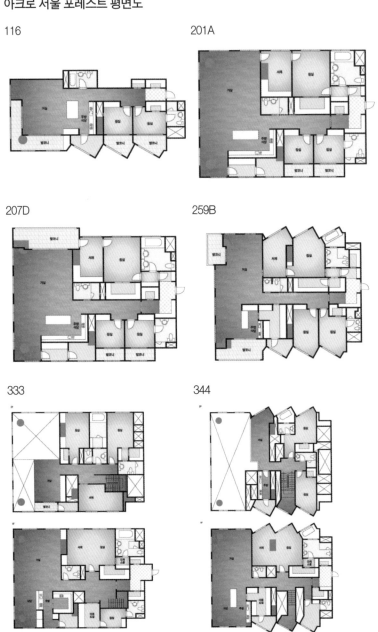

207D

259B

333

344

출처: 네이버 부동산

압구정 재건축의 현황과 미래가치

한남더힐

출처: PDI

단지	한남더힐
위치	서울특별시 용산구 독서당로 111
준공	2011년
년면적/대지면적	51,679.54평/39,933평
용적률/건폐율	120%/29.4%
동수/세대수	32개동/600세대
층수	지하 2층/지상 3-12층
높이	
평형타입	87㎡, 215㎡, 246㎡, 268㎡, 281㎡, 302㎡, 303㎡, 331㎡, 332㎡
시공사/설계	대우건설, 금호건설/PDI 디자인그룹
주차	1,732대(세대당 2.89대)

한남더힐은 한남동 매봉산 밑에 위치해 고도제한으로 고층이 아닌 저층의 여러 동으로 이루어져 있다. 단지 남쪽에 위치한 유엔빌리지와 달리 한강조망은 어렵지만, 강변북로의 소음과 공해로부터 자유롭다. 또한 아파트 후면으로 산이 둘러싸고 있어 프라이버시가 있는 지역이라는 것이 상위 자산가에게 플러스 요인이 되었다. 현재는 프라이버시가 보장되는 단지로서 많은 재계인사와 유명인사들이 거주하고 있다.

한남더힐만의 주요한 특징이자 아파트가격을 높이는 요인은 바로 용적률이 120%밖에 안 되는 단지 쾌적성을 자랑한다는 것이다. 전용면적 72평의 대지지분이 무려 70평에 달할 정도로 대지지분이 큰 것이 장점이다. 아파트이지만 12층 이하 건물들로 구성되어 있다 보니 다른 아파트들보다 더 쾌적한 주거환경을 제공한다. 큰 평수일수록 층수가 낮아서 90-100평대는 고작 3-4층에 불과하다. 아파트 단지 곳곳에 여러 예술 작품들이 설치되어 있으며 단지 내 산책할 수 있는 정원이 있다. 반면에 단지지상으로 자동차가 통행하는 구조로 단지가 설계되어서 미성년 자녀가 있는 주민이 불편해하는 단점이 있다. 다른 아파트들과 마찬가지로 내력벽식 구조의 특징을 공유하고 있는 것으로 파악되고 층간소음 문제로 많은 이슈가 되었다.

단지 중앙에 입주민용 커뮤니티 동이 있다. 1층에는 스크린 골프장, 수영장, 헬스클럽, 사우나가 있고 2층에는 카페, 독서실, 게스트하우스 등 여러 편의 시설들이 있다. 세대수에 비해 상당히 큰 규모를 자랑하는데 골프 연습장 같은 경우에는 크게 만들기 위해 아예 따로 위치해 있다. 다만 나인원 한남과 비교하면 고급 식당과 마트가 없는 것을 입주민들이 아쉬워한다.

주변에 지하철역이 없지만 입주민 대부분은 자가용을 타고 다니는 사람들밖에 없어 문제가 되지는 않는다. 한남대교를 통해서 강남을, 남산 1호 터널을 통해서 도심으로 갈 수 있으며 올림픽대로와 강변북로도 쉽게 이용 가능하다. 상대적으로 강남북 접근도가 좋다. 대중교통이 불편하지만 자차를 이용하는 대부분의 입주민들에게는 강변도로, 올림픽도로, 경부고속도로 등 주요 도로의 접근성이 좋다. 또한 강남북 중심업무지역에 대한 접근성도 탁월하다.

한남더힐 평면도

87Am² 타입(26평) - 102세대

87Bm² 타입(26평) - 31세대

215A㎡ 타입(65평) - 36세대

246A㎡ 타입(74평) - 131세대

284TObm㎡ 타입(85평) - 204세대

302TA㎡ 타입(91평) - 34세대

302TEcm㎡ 타입(91평) - 3세대

303TBm㎡ 타입(91평) - 24세대

압구정 재건축의 현황과 미래가치

330A㎡ 타입(100평) - 12세대

331B㎡ 타입(100평) - 12세대

332PEa㎡ 타입(100평) - 6세대

332PEb㎡ 타입(100평) - 6세대

출처: 네이버 부동산

단지 배치도

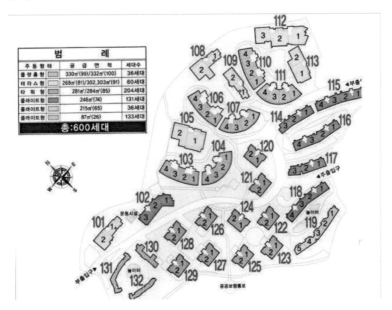

나인원한남

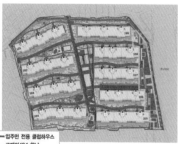

— 입주민 전용 클럽하우스
고메이494 한남

출처: ANU

단지	나인원 한남
위치	서울특별시 용산구 한남대로 91
준공	2019년
년면적/대지면적	68,252평/17,902평
용적률/건폐율	144%/30.71%
동수/세대수	9개동/341세대
층수	지하 4층/지상 5-9층
높이	
평형타입	75평A·B·C, 88평A·B·C·PA, 90평, 100평A·B
시공사/설계	롯데건설/ ANU
주차	1,549대(세대당 4.67대)

나인원 한남은 2016년 대신F&I가 한남 외국인아파트 부지를 매입한 후 디에스한남이라는 시행사를 설립하여 고급형 아파트 건설 및 분양을 시도했으나 정부의 분양가 규제에 가로막혀 결국 임대 후 분양을 하게 되었다. 해당 단지는 4년 동안 시행사가 소유주에 임차해 주다 4년 뒤에 는 최초 분양가로 소유주에게 매각하는 형태로 분양되었는데, 2020년 정

부의 부동산 규제정책으로 시행사가 과도한 종합부동산세를 부과 받게 되어 2년 일찍인 2020년 분양자들에게 조기 분양을 추진하게 됐다. 이 과정에서 분양자들이 소송하는 등 우여곡절 끝에 결국 시행사와 분양자들 간의 합의가 이뤄져 2021년 분양이 완료됐다.

아파트 평수는 75평, 89평, 듀플렉스, 펜트하우스, 슈퍼 펜트하우스 등의 대형 평수이다. 단지 내에 넓은 녹지 공간과 1km에 달하는 단지 외곽 산책로가 조성된다. 그리고 단지 내 상가에 갤러리아백화점이 운영하는 고메이 494 한남이 입점하였고 내부에는 블루보틀 한남 카페, 아우어 베이커리 등이 입점했다. 피트니스룸, 사우나, 수영장, 라운지 등 다양한 커뮤니티 시설이 마련되고 연회공간 등이 있어 거주생활만족도를 높여준다. 후문 쪽에서 남산으로 가는 산책길이 잘 조성되어 입주민들에게 거주 환경의 만족감을 배가시킨다.

지하철역이 없어 대중교통이 불편하지만 입주민 대부분이 대중교통보다는 자가용을 이용하는 층으로 자동차도로의 접근편리성으로 대중교통의 불편함을 상쇄한다. 한남대교를 통해서 강남을, 남산 1호 터널을 통해서 도심으로 빠르게 갈 수 있으며 올림픽대로와 강변북로도 쉽게 이용 가능하다. 상대적으로 강남북 중심업무지역 접근도가 매우 좋다. 근처에 한남더힐이 위치해 항상 비교되고 있다. 나인원 한남의 남쪽 부지를 부영건설이 매입하였지만 공원으로 조성될 것으로 예상된다. 단지 내 지하주차장 시설이 우수하고 가장 최근에 지어진 신축 아파트로 현재는 주거 만족도가 높다고 한다. 하지만 대로에 인접하여 소음과 분진에서 자유롭지 못하며 상권과 학군의 형성이 상대적으로 미흡하다.

나인원 평면도

248A㎡ (75A평) - 26세대

248B㎡ (75B평) - 124세대

248C㎡ (75C평) -24세대

293A㎡ (88A평) - 6세대

293B㎡ (88B평) - 81세대

293C㎡ (88C평) - 27세대

299PA㎡ (90PA평) - 10세대 (평면도없음)

334A㎡ (101A평) - 22세대　　　　　　333B㎡ (100B평) - 21세대

출처: 네이버부동산

아크로리버파크

출처: ANU

압구정 재건축의 현황과 미래가치

단지	아크로 리버파크
위치	서울특별시 서초구 신반포로15길 19
준공	2016년
년면적/대지면적	91,720평/18,787평
용적률/건폐율	299%/19%
동수/세대수	15개동/1,612세대
층수	지하 3층/지상 10-38층
높이	131m
평형타입	78-79-80㎡, 110-112-113-114㎡, 145㎡, 148-149-150-152㎡, 168-172㎡, 205㎡, 211㎡, 223-225㎡, 236㎡, 269-271㎡, 313-318㎡
시공사/설계	DL이앤씨/ANU
주차	2,973대(세대당 1.84대)

아크로리버파크는 서울 서초구 반포동에 위치한 한강변아파트이다. 기존 신반포 1차 아파트를 DL이앤씨가 재건축한 곳이다. 신반포 1차 재건축 아파트는 한강의 공공성 극대화를 위한 단지 중앙에 통경축 확보로 공공에 개방된 배치로 계획되었다. 타워형 주동을 단지 중심에 배치하여 다양한 입면을 확보하였고, 열린 통경축 계획으로 단지의 한강조망권을 최대로 확보하였다. 또한 저층과 고층의 스카이라인 계획(3층 저층, 13-18층 중층, 38층 고층)으로 다양한 경관을 만들어 냈다. 단지 내 한강 접근을 고려한 공공보행통로를 만들고, 가로를 활성화하는 생활가로변 커뮤니티 시설의 연속 배치계획과 수변특화 및 공공성을 위한 스카이라운지, 게스트하우스 등의 부대시설이 설계되었다. 단지 내 커뮤니티 시설을 외부 주민들에게 개방해야 하는 조건으로 특별건축 구역으로 지정되어 3개 층을 더 올려 38층까지 지을 수 있게 되었다. 커뮤니티

시설이 이용 가능한 외부주민은 반포동 거주자로 한정되어 있다.

주차는 모두 지하주차장에 하도록 건설되었으며, 세대당 주차 대수는 1.84대로 넉넉한 편이다. 또 주차면의 폭이 2.45m-2.5m이고 주차면이 비었는지 알 수 있는 주차유도등이 천장에 설치되어 있다. 그리고 전기차 충전소가 설치되어 있다. 엘리베이터는 미쓰비시의 NEXWAY 제품이 설치되어 있으며 속도는 210m/min이다. 층수 대비 매우 빠르다. 어린이집 3곳, 코인세탁실, 스카이 도서관, 스카이라운지, 수영장, 헬스장, 골프장, 티 하우스, 개인 스튜디오실, 도서관, 독서실, 게스트 하우스, 연회장, 노인정, 입주민 휴게실, 셀프 세차장 등 입주민들을 위한 다양한 편의시설들을 갖추고 있으며 게스트하우스에 묵으면서 아침을 조식식당에서 먹을 수도 있다 또한, 반지하에 LED를 이용한 수경재배시설이 설치되어 있다. 현재 래미안 원베일리와 더불어 반포에서 가장 고가권의 아파트 단지로 알려졌다.

반포 래미안 퍼스티지

출처: 삼성물산

단지	반포 래미안 퍼스티지
위치	서울특별시 서초구 신반포대로 275
준공	2009년
년면적/대지면적	163,667평/40,321평
용적률/건폐율	269%/12%
동수/세대수	28개동/2,444세대
층수	지하 3층/지상 22-32층
높이	
평형타입	86㎡, 87㎡, 113㎡, 114㎡, 147㎡, 149㎡, 173㎡, 174㎡, 206㎡, 239㎡, 240㎡, 269㎡, 270㎡
시공사/설계	삼성물산/나우동인
주차	4,368대(세대당 1.78대)

서울 서초구 반포동에 위치하고 2009년에 준공된 대단지 아파트로 총 2,444세대 28개동의 규모이다. 15년 이상 된 구축임에도 반포에서도 가장 비싼 아파트 중 한 곳이다. 준공 당시 반포자이와 더불어 대규모 커뮤니티 시설과 단지 전체에 조성된 자연스럽고 다양한 조경 조성으로 한국 아파트의 트렌드를 바꾼 시발점이 되어 화제를 모았다. 현재 반포 대장아파트로 꼽히는 아크로리버파크, 래미안 원베일리와 시세가 비슷하다.

서울시의 재건축정책으로 25, 34평형이 전체 세대수의 60% 정도를 차지하며, 나머지는 50평형 이상의 대형 평수가 많다. 건폐율이 12%로 상당히 낮다. 이로 인해 강남 재건축 아파트 중에서 상당히 구축에 속함에도 불구하고 고급화 신축들과 비교해도 뒤지지 않으며 오히려 뛰어난 조경을 보여주기도 한다. 어느덧 지은 지 15년이 넘은 아파트이지만, 반포자이와 함께 대한민국 부자 아파트의 상징 중 하나이다. 두 단지는 고속터미널역을 두고 2009년에 삼성물산과 GS건설이 대규모 커뮤니티 공간을 구성하고 대규모 조경이 매우 친환경적, 자연적으로 꾸며진 새로운 트렌드로 지었는데, 그래서인지 지금 신축과 비교해도 손색이 없다. 반포 래미안 퍼스티지만의 가장 큰 특징 중 하나로 건폐율이 고작 12% 밖에 안 된다는 것이다. 강남 한복판에서 이렇게 적은 건폐율로 짓는 것은 지금 시점에서는 거의 불가능하다고 보면 된다. 그렇기에 단지 안에 무려 1000평이 넘는 대형 인공호수를 꾸며 놓은 유일한 단지이며, 실제로 오리들이 놀고 있는 모습을 볼 수 있다. 보통 반포 래미안 퍼스티지 아파트 가격이 근소하게 더 우위를 보이는 경우가 많은데 아무래도 반포 인프라를 이용하는 데 더 편리하기 때문인 것으로 보인다. 다만, 양쪽 다 최근 신축 단지인 아크로리버파크과 래미안 원베일리와 비교해서 아무래도 한강조망이 없는 부족한 부분이 있다.

물론 앞으로 래미안 원베일리, 디에이치 클래스트 등 대형 신축 아파트가 완공되면 바뀔 수도 있겠지만 2023년 현시점에서도 대한민국 최상위권을 지키고 있다. 아크로리버파크가 한강뷰를 가진 강남 최고가의 아파트라면, 반포 래미안 퍼스티지의 경우는 우월한 입지라는 타이틀을 가지고 있었다. 그러기에 2009년에 지어진 15년이 넘은 아파트임에도 아직까지 최고가 가격을 유지할 수 있는 것이다. 최근에는 상대적으로 오래된 커뮤니티 시설을 리모델링을 하여 단지의 가치를 상승시키고자 하나 단지지상으로 차량 통행이 되고 있어 최근 신축 아파트 단지에 없는 보완되지 않는 단점을 가지고 있다

3, 7, 9호선의 트리플역세권 및 고속터미널이 바로 옆에 있어서 어디든 가기에 유리하며 한강공원의 대표격인 세빛둥둥섬이 근처에 있고 반포천이 단지와 연결되어 있다. 잠원초등학교가 단지 내 위치한 초품아이며 신세계백화점 강남점과 메가박스 센트럴 영화관이 바로 옆에 붙어 있다. 뉴코아아울렛과 킴스클럽 강남점도 근처에 있고 삼호가든의 학원가도 도보거리에 위치해 있으며 가톨릭대학교 강남성모병원이 인접해 있고 상가에는 홈플러스익스프레스, 신한은행, KEB하나은행, 삼성증권이 위치해 있으며, 치과·베이커리·카페·미용실·학원 등이 입점해 있다. 단지 내 지하에 입주민이 이용 가능한 헬스장, 북카페, 수영장, 사우나, 골프 연습장 등 커뮤니티 센터가 있다.

(4) 하이엔드 아파트, 빌라 현황

청담 101

소재지	청담동 115-6번지외 4필지(115-10, 11, 12, 13)
준공일자	2019. 1차: 1차가 더 좋음
세대수	공동주택(아파트) 28세대
총층수	지하 4층, 지상 7층
대지	1,065평(3,518,90㎡)
연면적	4,530평(14,976,64㎡)
주차대수	150대(세대당 5대)
평형	A'1타입: 분양면적 188.55평/전용면적 82.52평/복층(B1, 1F) A'2타입: 분양면적 189.11평/전용면적 82.76평/복층(B1, 1F) B'타입: 분양면적 188.91평/전용면적 82.57평/복층(B1, 1F) D'타입: 분양면적 188.18평/전용면적 82.29평/복층(B1, 1F) D타입: 분양면적 150.51평/전용면적 66.27평/2-4F B타입: 분양면적 150.26평/전용면적 66.18평/2-4F
가격	분양75억-85억, 정원세대 115억-120억(정원 40-50평)/현재 90-100억(4-5년 차)
펜트가격	1차 160억/2차 150억
시공사/설계	효성건설/해솔

장학파르크한남

소재지	용산구 한남동 410외 필지
준공일자	2020.06.25.
세대수	공동주택(아파트) 17세대
총층수	지하 3층, 지상 6층
대지	983.42평(3,251.00㎡)
연면적	3,312.47평(10,950.33㎡)
주차대수	100대(세대당 6대)
평형	A'타입(2): 전용면적 74.06평/1F (단층형) B타입(3): 전용면적 81.35평/2-4F(복층형)/(하부복층 87.12평) B'타입(1): 전용면적 81.68평/1F(B1F)(복층형)/(하부복층 88.47평) C타입(1): 전용면적 81.36평/5F(4F)(복층형)/(하부복층 87.11평) A타입(8): 전용면적 81.31평/2F-5F(하부복층)/(하부복층 86.94평) D타입(2): 전용면적 72.37평/6F(복층형)/(하부복층 76.59평)
가격	B타입: 분양 150억/현재 180억
펜트가격	170억
특징	한강뷰, 유엔빌리지
시공사/설계	장학건설/해솔

PH129(더펜트하우스청담)

소재지	청담동 129, 129-1, 129-2
준공일자	2020.08.12.
세대수	공동주택(아파트) 29세대
총층수	지하 6층, 지상 20층(75m)
대지	782.96평(2588.3㎡)
연면적	6,238.59평(20,623.55㎡)
주차대수	162대(세대당 5대)
평형	100평(82평)332㎡/273.96㎡(27세대)/149평(123평) 495.42㎡/407.71㎡
가격	100평(82평) 135억-160억/분양가 135억 2층 135억-16층 160억 → 16층 250억 예상
펜트가격	250억(2017) → 현재 가치 400억
특징	전 세대 복층 Type, 층고 6.5m, 전면 24m
시공사/설계	현대건설/아라그룹

에테르노청담

소재지	서울시 강남구 청담동 106-7 외 1필지
준공일자	2024.08. (예정)
세대수	공동주택(아파트) 29세대
총층수	지하 4층, 지상 20층 1개동
대지	969평
연면적	6,182평
주차대수	154대(세대당 5.21대)
평형	74평(A, B, C), 74평(듀플렉스) 스카이펜트, 슈퍼펜트
가격	분양 125억-150억/현재 135억-190억/입주 시점 140억-220억-230억
펜트가격	300억
특징	입지가 좋다, 잘 지었다고 평판
시공사/설계	현대건설/라파엘모네오(외관만) 아라그룹

워너청담

소재지	서울시 강남구 청담동 106-16번지외 1필지
준공일자	2023.12. (예정)
세대수	공동주택(아파트) 16세대
총층수	지하 4층, 지상 20층 1개동 95m
대지	403.75평
연면적	2,841평
주차대수	84대
평형	듀플렉스 1세대, 그랜드14, Super Pent 1세대
가격	2층-3층(복층 정원세대) 220억, 4층-17층 단층(130억-175억)
펜트가격	350억(triple층)
특징	SKY garage, 독립적인 space, 층고 3.2m
시공사/설계	코오롱글로벌/희림

루시아546더리버

소재지	서울시 강남구 도산대로 546
준공일자	2025.06. (예정)
세대수	26세대(공동주택 2-16층 15세대, 오피스텔 17-18층 11실) 1층 1가구
총층수	지하 7층/지상 29층 1개동(110m)
대지	267평(882.00㎡)
연면적	2,879.63평(9,502.77㎡)
주차대수	76대(세대당 2.9대)
평형	Ultimate Penthouse 1세대(526.48㎡)/Panorama Penthouse 10세대(372.28㎡)/Exclusive Penthouse 15세대(330.79㎡)
가격	오피스텔 17-20층(102억-134억) 평당 2억-2.75억까지 아파트 66억-84억(전용 평당 1.5억-2억)에서 86-114억으로 올림(평당 2억-2억 5천)
펜트가격	300억
특징	도산대로변, 강변이 보임
시공사/설계	효성/폴배

방배동 마제스힐

소재지	서울시 서초구 효령로 26길22(방배동 981-48)
준공일자	2026년 하반기 (예정)
세대수	28세대(일반분양/14개)
총층수	14층
대지	826.82평(2,733.3㎡)
연면적	
주차대수	세대당 6, 7, 10, 11대
평형	스테이츠 노블(SN) 일반차고형(A라인 2-11층) 10세대(74평) 듀플렉스 써밋(DS) 복층차고형(C라인 7-10층) 2세대(83평) 비욘드 제니스(PHB) B펜트하우스(B라인 11층) 1세대 비욘드 제니스(PHA) A스카이풀 펜트하우스(A라인 12-13층) 세대 최고 층 14층
가격	저층 160억-200억
펜트가격	500억
특징	방배동 입지별로, 핵대피 방공호(세대당), 각 세대 전용 사우나, 내부주차공간
시공사/설계	미정

더펠리스73

소재지	서울시 서초구 반포동 63-1, 64-1
준공일자	2027년 하반기 (예정)
세대수	총2개동 73세대(오피스텔 15세대 2F-5F, 아파트 58세대 5F-35F)
총층수	지하 4층-지상 35층
대지	약 2,700평 내외
연면적	약 16,000평 내외
주차대수	오피스텔 4대, 아파트 5대(전 세대 지주식)
평형	
가격	오피스텔 15개 115억-180억(전용 51평-74평) 테라스 면적 9평-57평 아파트: 130억-140억(실사용 66평-130평) 5층-35층 25층 245억(기준층) 74평: 확장 시 120평 실사용 전용 74평 33층 300억 예상
펜트가격	400억
특징	설계: 리차드 마이어 d.A, 대단지로 커뮤니티 시설이 좋음, 층수가 높다. 위치 양호, 전 세대 테라스, 설계가 호평
시공사/설계	삼성물산/리차드 마이어, d.A

루시아청담514더테라스

소재지	서울특별시 강남구 청담동 49-8
준공일자	2025.11.
세대수	47세대 APT 27세대(9-20층) 24-74평, 오피스텔 20실(4-8층) 24-28평
총층수	지하 6층-지상 20층, 1개동
대지	502평
연면적	3,817.21평(102,618.89㎡)
주차대수	118대
평형	A타입: 55A-A타입/54A-B타입/53A-C타입 B타입: 71B, C타입: 69C, D타입: 74D E타입: 108E타입 F타입: 106F타입 G타입: 106G타입 아파트 A'타입: 55A-A타입/55B-B타입/53C-C타입
가격	오피스텔 평당 2억2천-2억4-5천/아파트 2억7천
펜트가격	2.7억X74평 200억 → 입주 시 300억 예상(평당 4억)
특징	각 세대당 테라스, 도산대로, 이탈리아 밀라노의 '보스코 베르티칼레' 벤치마킹한 수직숲
시공사/설계	시공: 효성/아라그룹

(5) 하이엔드 아파트 요약 비교표

구분	청담 101(1차)	장학파르크한남	PH129(더펜트하우스청담)	워너청담	에테르노청담
위치	청담동 115-6	한남동 410	청담동 129	청담동 106-16	청담동 106-7
준공	2019년 (효성건설)	2020년 (장학건설)	2020년 (현대건설)	2023년 (코오롱글로벌)	2024년 (현대건설)
층수	지하 4층/ 지상 7층	지하 3층/ 지상 6층	지하 6층/ 지상 20층	지하 4층/ 지상 20층 95m	지하 4층/지상 20층 90.78m
세대	28세대	17세대	29세대	16세대	29세대
대지	1,065평	983평	783평	403.75평	969평
연면적	4,530평	3,312평	6,238평	2,841평	6,182평
주차	150대(5대)	100대(6대)	162대(5대)	154대(5.3대)	146대(5대)
평형	82.5평(복층) 82.7평(복층) 82.5평(복층) 82.2평(복층) 66.27평(2-4F) 66.18평(2-4F)	74평(1F) 81평(2-4F (복층)) 81평(1+지하1(복층)) 81평(4, 5복층) 81평(2-5 하부복층) 72평(6F)	82평(100평) 123평(149평)	튜블렉스 1 바스타 14 수퍼펜트 1	
가격	75억-85억(현) 정원/복층 115-120억 (정원 40-50평)	기준층: 150억	80억(2017) 2층 135억-16층 (160억)	2-3층(220억): 정원 세대 4-17층(130 억-170억 단층)	분양 125억-150 억(1.6-2.0억) 현재 180억 입주 200억 이상
펜트	현 160억 90-100억(1.5억)	B 최고가180억	250억(현 400억) 현재 16층 250억 예상	350억(triple층)	300억
특징	청담동 신축 선발주자	한강뷰, 유엔빌리지 설계: 해솔	한강뷰, 전부 복층(층고 6.5m) 전면 길이: 24m 설계: 아라	SKY garage, 좁고 긴 design, 독립적 space 층고 3.2m 설계: 희림	입주 우수, 잘 지었다고 호평 설계: 라파엘 모네오(외관만), 아라

구분	루시아546 더리버	루시아 청담514 더테라스	방배 마제스힐	더펠리스73
위치	청담동 53-5	청담동 49-8	방배동 981-48	반포동 63-1, 64-1
준공	2025년(대림)	2025년(효성)	2026년(미정)	2027년(미정)
층수	지하 7층/ 지상 29층 110m	지하 6층/ 지상 20층	14층	지하 4층/ 지상 35층
세대	26세대APT(17-28층) 15세대 OP(2-16층)	APT 47세대(9-20층) OP 20세대(4-8층)	28세대	2개동 APT 58세대 (5-35층) OP 15세대(2-5층)
대지	267평	502평	826평	2,700평
연면적	2,879평	3,817평		16,000평
주차	76대(2.9)	118대(2.5)		OP 4대/ APT 5대(자주식)
평형	전용 49평 3개 펜트하우스 (1층 1세대) 2.9m	APT 24-74평 OP 24-28평 펜트 74평	74평(2-11층) 83평(7-10층) 복층 펜트/스카이플펜트	
가격	OP 17-28층 (102-134억) (평당 2-2.75억) 아파트 66억-84억 (평당 1.5-2억)	OP 2.2-2.4억(평당) APT 2.7억	저층 160-200억	OP 15개: 115 억-180억(51-74평) 테라스 10-49평 APT: 130-140억 (전용 70평) 245억 25층(74평) → 120평 확장 300억 33층(74평) APT 1.5-2억
펜트	300억	300억(평당 4억)	500억	400억
특징	설계: 폴베 도산대로에서 한강 보임	각 세대당 테라스, 도산대로 이탈리아 밀라노의 '보스코 베르티칼레' 벤치 마킹한 수직숲	방배동 입지별로, 핵대피 방공호 (세대당), 각 세대 전용 사우나, 내부주차공간	설계: 리차드마이어 d.A, 설계가 호평 대단지로 커뮤니티 시설이 좋음, 층수 가 높다(층고 3m), 위치 양호, 전 세대 테라스

⑹ 재건축 아파트 배치도 및 평면도

신현대아파트 배치도 및 평면도

출처: dA건축사무소

평형/세대구성: 35평 820, 39평형 52세대 872세대(46%), 50평 168, 51평 208, 56평 156, 57평 130, 60평 78, 61평 312세대 1052세대(54%) 총 1925 세대/27동/12-13층

대지: 52,208평

용적률: 174%

주차: 2,800대(세대당 1.45대)

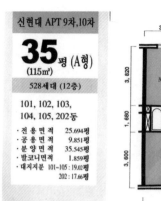

신현대 APT 9차,10차

35 평 (A형)
(115m²)

528세대 (12층)

101, 102, 103,
104, 105, 202동

· 전용면적   25.694평
· 공용면적   9.851평
· 분양면적   35.545평
· 발코니면적 1.859평
· 대지지분 101~105 : 19.02평
        202 : 17.66평

신현대 APT 11차

51 평
(168m²)

208세대 (13층)

117, 118, 121,
124동

· 전용면적   43.304평
· 공용면적   7.911평
· 분양면적   51.215평
· 발코니면적 4.672평
· 대지지분   26.25평

신현대 APT 12차

61 평
(201m²)

312세대 (13층)

108, 109, 125,
127동

· 전용면적   51.501평
· 공용면적   9.962평
· 분양면적   61.463평
· 발코니면적 7.517평
· 대지지분   30.84평

반포 래미안 퍼스티지 배치도 및 평면도

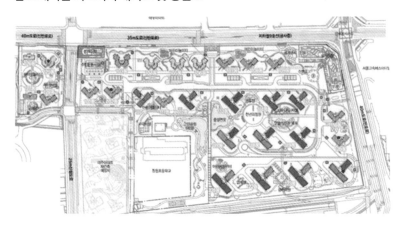

평형/세대구성: 26-34평 1467(60%), 44-81평 977(40%) 총 2444세대, 28

개동(23-32층)

대지: 40,321평

용적률: 269%

건폐율: 12%

주차: 4,368대(세대 1.7대)

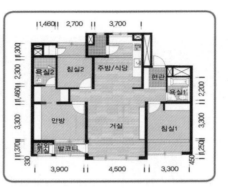

113.14L1 ㎡
532세대 34L1

- 전 용 면 적
  84.93㎡
- 공 급 면 적
  113.14㎡
- 계 약 면 적
  168.42㎡

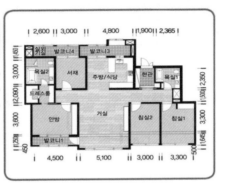

172.73T1 ㎡
182세대 52T1

- 전 용 면 적
  135.92㎡
- 공 급 면 적
  172.73㎡
- 계 약 면 적
  261.22㎡

205.61T1 ㎡
122세대 62T1

- 전 용 면 적   169.31㎡
- 공 급 면 적   205.61㎡
- 계 약 면 적   315.83㎡

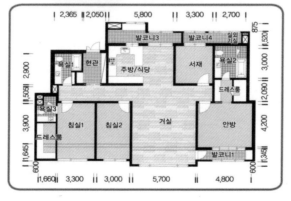

I. 압구정 재건축의 현황

133

아크로리버파크 배치도 및 평면도

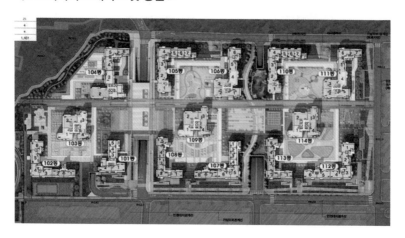

평형/세대구성: 24-34평 1010(63%), 45-96평 602(37%) 총 1612세대, 15

개동(10-38층)

대지: 18,787평

용적률: 299%

건폐율: 19%

주차: 2,973대(세대 1.84대)

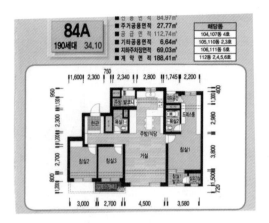

84A	■ 전용면적 84.97㎡	해당동
190세대 34.10	■ 주거공용면적 27.77㎡	104,107동 4호
	■ 공급면적 112.74㎡	105,110동 2,3호
	■ 기타공용면적 6.64㎡	106,111동 5호
	■ 지하주차장면적 69.03㎡	112동 2,4,5,6호
	■ 계약면적 188.41㎡	

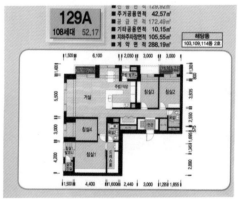

129A	■ 전용면적 129.82㎡	해당동
108세대 52.17	■ 주거공용면적 42.57㎡	103,109,114동 2호
	■ 공급면적 172.49㎡	
	■ 기타공용면적 10.15㎡	
	■ 지하주차장면적 105.55㎡	
	■ 계약면적 288.19㎡	

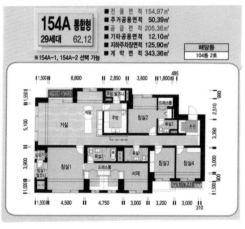

154A 통합형	■ 전용면적 154.97㎡	해당동
29세대 62.12	■ 주거공용면적 50.39㎡	104동 2호
※154A-1, 154A-2 선택 가능	■ 공급면적 205.36㎡	
	■ 기타공용면적 12.10㎡	
	■ 지하주차장면적 125.90㎡	
	■ 계약면적 343.36㎡	

I. 압구정 재건축의 현황

135

원베일리 배치도 및 평면도

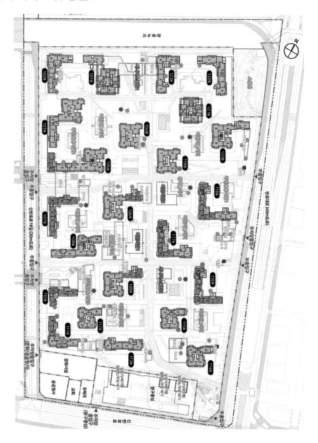

평형/세대구성: 19-34평 1998(67%), 41-95평 992(33%) 총 2,990세대, 23개동(11-35층)

대지: 36,302평

용적률: 300%

건폐율: 20%

주차: 5,459대(세대 1.82대)

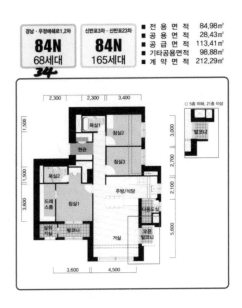

강남·우정에쉐르1,2차	신반포3차·신반포23차
84N 68세대	**84N** 165세대

- 전 용 면 적　84.98㎡
- 공 용 면 적　28.43㎡
- 공 급 면 적　113.41㎡
- 기타공용면적　98.88㎡
- 계 약 면 적　212.29㎡

34

강남·우정에쉐르1,2차	신반포3차·신반포23차
133C 67세대	**133C** 158세대

- 전 용 면 적　133.91㎡
- 공 용 면 적　41.94㎡
- 공 급 면 적　175.85㎡
- 기타공용면적　155.81㎡
- 계 약 면 적　331.67㎡

53

신반포3차·신반포23차
168D 16세대

- 전 용 면 적　168.63㎡
- 공 용 면 적　50.69㎡
- 공 급 면 적　219.32㎡
- 기타공용면적　196.21㎡
- 계 약 면 적　415.54㎡

66

신반포 메이플자이 배치도 및 평면도

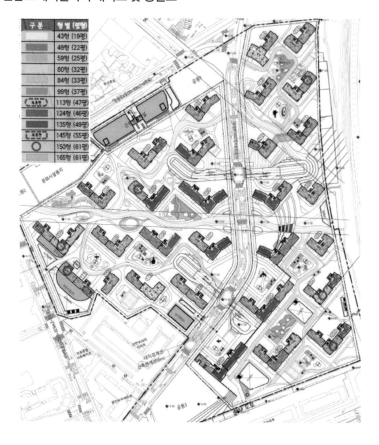

평형/세대구성: 10-33평 2482(75%), 38-62평 825(25%) 총 3,307세대, 29

개동(19-34층)

대지: 36,991평

용적률: 297%

건폐율: 17%

주차: 5,818대(세대 1.8대)

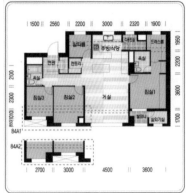

84A㎡ [33] 575세대

- ▣전 용 면 적 : 84.25㎡
- ▣주거공용면적 : 26.43㎡
- ▣공 급 면 적 : 110.69㎡
- ▣계 약 면 적 : 193.49㎡

135A㎡ [50] 119세대

- ▣전 용 면 적 : 135.26㎡
- ▣주거공용면적 : 30.51㎡
- ▣공 급 면 적 : 165.77㎡
- ▣계 약 면 적 : 298.70㎡

165A㎡ [62] 11세대

- ▣전 용 면 적 : 165.52㎡
- ▣주거공용면적 : 42.07㎡
- ▣공 급 면 적 : 207.59㎡
- ▣계 약 면 적 : 370.26㎡

II

재건축에 대한 이해

1) 역대 정권별 부동산 정책과 아파트 가격추이

(1) 역대 정부 아파트 매매지수

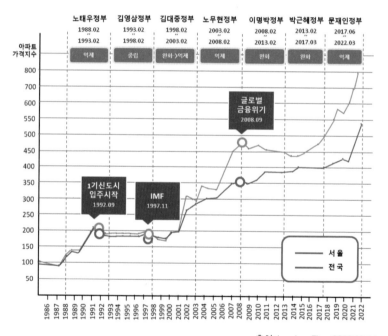

출처: Laminar Flow 2022.03.14.

압구정 재건축의 현황과 미래가치

(2) 역대 정권 부동산 대책 일지

기간	기조	정책 방향	부동산 세부 대책
전두환	완화	지역개발 집중	
노태우	규제	토지공개념 도입	1988.08.10. 토지과다보유세부과 1989. 공지시가 제도 도입 1989.11. 분양가 상한제도입 1990.04.13. 부동산 투기 억제 대책 1990.05.08. 5.8부동산 투기 억제와 물가안정을 위한 기업비업무용 부동산 처분 조치 1987-1992. 토지거래 전산망 구축
김영삼	완화	주택공급 확대	1993.08.12. 금융실명제 실시 1995.03.30. 부동산 실명제 도입 1995.11. 일부 지역 25.7평 초과 주택부터 순차적 분양가 자율화 1997.12.03. IMF구제금융 신청 1998.02. 민간택지 분양가 자율화 1998.10. 수도권 공공택지 25.7평 초과 분양가 자율화 1999.01. 분양가 전면 자율화
김대중	완화	외환위기로 인한 개방	1998.05.22. 주택경기 활성화대책 1998.09.25. 건설산업 활성화방안 1999.08.20. 주택건설 촉진책발표 1998.12.12. 건설 및 부동산 경기 활성화대책 2002.09.04. 투기과열지구 LTV 60% 이내 2002.10.11. 전 지역 확대 LTV 60% 이내
노무현	규제	서민주의 의거 강력한 규제	2003.05.23. 분양권전매 금지수도권 전역재건축 아파트 80% 이상 시공 후 분양 2003.09.05. 투기과열지구재건축 조합원지분 전매 금지 2003.10.29. 종합부동산세조기 도입. 1세대 3주택자 양도세 60% 중과, 투기지역 LTV 50% → 40% 2005.06.30. LTV 60 → 40% 2005.08.31. 투기지역 6억 원 초과 DTI 40%, 1세대 2주택 양도세 50% 중과 2006.03.30. 투기지역, 투기과열지구 3억 초과 시 DTI 40% 적용 확대 2005.08. 공공택지 중소형에 분양가 상한제, 중대형에 분양가 상한제 +채권입찰제도입 2007. 하반기 분양가 상한제 민간 아파트로 확대

이명박	완화	경기 부양 위한 규제 완화	2008.09.15. 리먼브라더스 파산 2008.11.03. 강남 3구 이외, 투기지역 해제 2009.07.06. 수도권 비투기지역DTI 60% 2010.08.29. 강남 3구 제외 전 지역 DIT 규제 은행권 자율화 2011.12.07. 12.7주택시장 정상화 및 전월세 지원방안 2012.05.10. 강남 3구 투기지역 해제 2012.08.17. 30대 무주택 근로자·은퇴자 DTI 규제완화, 순자산도 소득으로 인정
박근혜	완화		2013.04.01. 4.1부동산 대책 생애최초주택구입자금, 연말까지 LTV 70% 완화 2013.04.10. 생애최초주택구입자금, 연말까지 DTI 은행권 자율 적용 2013.08.28. 전월세대책 2014.07.24. LTV 70% 일괄 상향 조정, DTI 60% 일괄 상향 조정 2015.04.01. 주택 3법시행 2015.07.07. 건축투자 활성화 대책 2015.07.22. 가계부채 종합 관리방안 2016.08.25. 가계부채 대책 2016.11.03. 주택시장의 안정적 관리 방안
문재인	규제	22개 대책	2017.08.02. 조정대상 지역 내 다주택자 중과 및 자이보유특별공제 폐지 2018.09.13. 1. 고가주택대출규제 2. 투기 및 투기과열지구 LTV 40% 2019.12.16. 15억 원 이상 아파트 주담대출금지/9억 초과 LTV → 20% 종부세/3주택/조정주택 2주택 세율 향상 0.8-4% 2020.06.17. 조정대상 지역 확대 지정/법인 종부세 연장 2020.07.10. 주택임대사업자폐지/다주택자 종부세연장 2021.02.04. 대도시권 주택공급확대
윤석열	완화		2022.06.21. 임대차시장 안정방안(임차인 부담증가) 2022.08.16. - 향후 5년간 공급계획과 민간시장 재고 - 공공지원 - 주택움절제고 - 도심공급확대방안(+5년간 270호로 공급) 2023.01.01. - 부동산 규제 지역 해제(강남 3구, 부산 제외) - 실거주 의무 폐지(수도권) - 전매제한 수도권 10 → 3년 2023.09.26. 공공주택공급 확대 계획

자료: 미래에셋

(3) 부동산 패러다임/재건축 트렌드 변화

① 박근혜 정부 주택 정책과 패러다임 변화

- 박근혜 정부의 주택 정책 기조 변화: 택지공급중단으로 재건축에 의
  한 공급이 중요해짐

  신도시 건설 중단(택지개발촉진법 폐지 추진): 2014.09.01. 부동산
  활성화 대책

  신도시/혁신도시 2022년까지 개발잠정 중단: 2015.05.27. 공공기간
  정상화 방안 의결

  주택 정책, 주택공급에서 주거복지로 전환: 2015.05.29. 주거기본법
  통과

  결론: 재개발/재건축 지역개발을 통한 공급/아파트 리모델링을 통한
  주택공급정책

- 박근혜 정부의 주택 정책:

  재건축 연한 완화(40년에서 30년): 2014.09.01. 주택시장 활성화 대책
  준공연도가 30년이 지난 아파트는 안전진단만 통과하면 재건축이
  가능해짐

- 대규모 수혜단지 발생(재건축 조건: 안전진단 통과+재건축 연한 충족)

연도별 준공물량 및 제도개선에 따른 재건축 가능연한 변화(단위: 만 가구)

준공연도	전국물량	서울물량	서울시(기존)	개선안(차이)
1986년	13.6	3.9	2016년	2016년(0년)
1987년	12.2	3.7	2019년	2017년(2년)
1988년	18.6	8.6	2022년	2018년(4년)
1989년	19.4	3.6	2025년	2019년(6년)
1990년	23.3	2.9	2028년	2020년(8년)
1991년	34.6	5.8	2031년	2021년(10년)
1992년	48.4	8.0	2032년	2022년(10년)

자료: 국토교통부

'재건축 연한 단축'

현행   최장 40년

변경   최장 30년

기존 : 준공 후 **40년**이 넘은 아파트가 안전 진단을
통과해야 재건축이 가능

개정 : 준공 후 **30년**이 넘은 아파트가 안전 진단을
통과해야 재건축이 가능

출처: 하베

압구정 재건축의 현황과 미래가치

② 문재인 정부 주택 정책과 패러다임 변화

a. 문재인 정부의 주택 정책:

도시재생 뉴딜사업 추진으로 아파트 공급부지가 줄어들거나 없어짐

도시재생 뉴딜사업 5대 유형(자료: 국토교통부)

구분	우리 동네 살리기	주거정비 지원형	일반근린형	중심 시가지형	경제 기반형
면적	5만㎡(1,000가구) 이하	5만-10만㎡	10만-15만㎡	20만㎡	50만㎡
대상	기반 시설은 양호한 소규모 저층 단독주택지역	주로 뉴타운 지정 해제지역	골목상권과 주거지 혼재지역	구도심 중심 상업지역	역세권, 산업 단지, 항만 등의 지역
주요 내용	CCTV. 무인택배함 등 생활 밀착형 공동시설 설치	도로, 주택 정비 공공 임대주택 공급 등	노인, 청소년 등 지역만을 위한 문화 공간 제공	노후시장개선, 빈 점포, 리모 델링해 창업 공간 지원	복합 지식산 업센터 건립, 국유지 활용 해 개발

도시재생 뉴딜사업: 재건축/재개발과는 반대되는 개념으로, 역사와 문화, 환경, 생태 등을 보존하면서 노후 주거환경을 살 만한 주거지로 바꾸는 것이다. 이 공약의 문제는 신규공급의 제한으로 기존의 아파트, 진행 중인 재개발·재건축 지역은 가격이 상승될 것으로 예측된다.

결국 서울에 재건축 및 재개발을 규제한 정책으로 2024년 이후로 서울 주택공급이 급속하게 부족해진다.

b. 문재인 정부의 주택 정책: 투기과열지구 지정

'8·2 대책' 주택시장 안정화 방안 주요 내용

	조정대상 지역	투기과열 지구	투기 지역
신규규제 및 요건강화	● 청약 1순위 자격요건 강화 - 청약통장 가입 후 2년 경과+납입 횟수 24회 이상 ● 가점제 적용 확대(조정대상 지역 75%, 투기과열 지구 100%) ● 오피스텔 전매제한 강화(소유권 이전등기 시까지) 및 거주자 우선분양 적용(20%)		● 주택담보대출 건수 제한 - 1인당 1건 → 세대당 1건
	● 양도세 가산세율 적용 - 2주택자+10%p - 3주택자 이상+20%p ● 다주택자 장기보유특별 공제 적용 배제 ● 1세대 1주택 양도세 비과세 요건 강화 - 2년 이상 거주요건 추가 ● 분양권 전매 시 양도세율 50%로 일괄 적용	● 재개발·재건축 규제 정비 - 재개발 등 조합원 분양권 - 전매제한(소유권 이전등기 시) - 정비사업 분양(조합원/일반) 재당첨 제한(5년) - 재건축 조합원 지위 양도 제한 예외사유 강화 ● 거래 시 자금조달계획, 입주계획 신고 의무화 - 거래가액 3억 원 이상 주택	
		● LTV·DTI 40% 적용(주택담보대출 1건 이상 보유 세대 30%, 실수요자 50%)	
적용지역	40개 지역 서울(전역, 2개 구) 경기(과천·성남·하남·고양·광명·남양주·동탄 2) 부산(해운대·연제·동래·부산진·남·수영구·기장군), 세종	27개 지역 서울(전역·25개 구) 경기(과천), 세종	12개 지역 서울(강남·서초·송파·강동·용산·성동·노원·마포·양천·영등포·강서), 세종

자료: 관계부처 합동 "실수요 보호와 단기 투기수요 억제를 통한 〈주택시장 안정화 방안〉"

압구정 재건축의 현황과 미래가치

신(新) DTI·DSR 도입 주요 내용: 대출 억제를 통한 주택수요 억제

- 신DTI(총부채 상환비율)

: 차주 보유 부채를 최대한 포괄적으로 반영

① 주택담보대출 2건 이상 보유 차주의 경우 DTI 신청 시 기존 주담대 원리금 상환부담 전액을 반영

현행: 신규 주담대 원리금+기존 주담대 이자

개선: 주담대 2건 원리금 모두 반영

② 복수 주택담보대출(담보물건 수 기준) 차주의 두 번째 주담대부터 만기 15년으로 제한

※ DTI 비율 산정 시에만 적용, 실제 상환기간은 15년 초과 가능

- DSR (총체적 상환능력 비율)

: 차주 상환능력 대비 원리금상환부담을 정확히 반영해 산정

■ 부채: 대출 종류(주담대·신용대출·한도대출)

상환방식(분할상환·일시상환) 등에 따라 차주의 실제 상환부담 반영

■ 소득: 신DTI 기준 적용

비교표

	신DTI(Debt to Income) 총부채 상환비율	DSR(Debt Service Ratio) 총체적 상환능력 비율
산정 방식	(모든 주담대 원리금상환액+기타대출 이자상환액)/연간소득	(모든 대출 원리금상환액)/연간소득
활용 방식	대출심사 시 규제 비율로 활용	금융회사 여신관리 과정에서 다양한 활용방안 마련 예정

자료: 관계부처 협동

c. 문재인 정부의 재건축 정책 종합

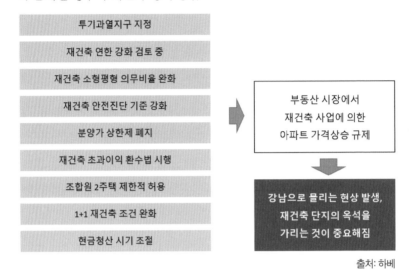

투기과열지구 지정

재건축 연한 강화 검토 중

재건축 소형평형 의무비율 완화

재건축 안전진단 기준 강화

분양가 상한제 폐지

재건축 초과이익 환수법 시행

조합원 2주택 제한적 허용

1+1 재건축 조건 완화

현금청산 시기 조절

부동산 시장에서 재건축 사업에 의한 아파트 가격상승 규제

강남으로 몰리는 현상 발생, 재건축 단지의 옥석을 가리는 것이 중요해짐

출처: 하베

d. 9.13 대책의 아파트 투자시장 영향(서울시)

문재인 정부 주택 정책과 재건축시장 키워드

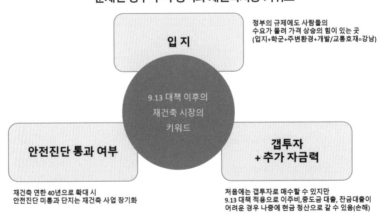

입 지

정부의 규제에도 사람들의 수요가 몰려 가격 상승의 힘이 있는 곳 (입지+학군+주변환경+개발/교통호재=강남)

9.13 대책 이후의 재건축 시장의 키워드

안전진단 통과 여부

갭투자 + 추가 자금력

재건축 연한 40년으로 확대 시 안전진단 미통과 단지는 재건축 사업 장기화

처음에는 갭투자로 매수할 수 있지만 9.13 대책 적용으로 이주비,중도금 대출, 잔금대출이 어려운 경우 나중에 현금 청산으로 갈 수 있음(손해)

출처: 하베

압구정 재건축의 현황과 미래가치

2) 오세훈 서울시장의 정책 방향과 재건축 방향 변화

(1) 2040 서울도시기본계획

서울시는 2040 서울도시기본계획을 확정해 2023년 1월 5일 공고했다. 서울도시기본계획은 시가 추진할 각종 개발사업의 지표가 되는 최상위 계획이다. 국토계획법에 의해 통상 5년 단위로 수립된다. 서울시는 2040 기본계획에서 서울의 향후 20년 미래상으로 '살기 좋은 나의 서울, 세계 속에 모두의 서울'을 제시하고 이번 계획에서는 7대 목표와 부문별 전략 계획, 공간계획, 권역별 계획을 세웠다.

(7대 목표)
1. 보행일상권 조성
2. 수변 중심 공간 재편
3. 기반시설 입체화
4. 중심지 기능 혁신
5. 미래교통 인프라
6. 탄소중립 안전도시

7. 도시계획 대전환

이번 계획은 기존의 획일적인 도시계획 규제에서 벗어나 다양하고 글로벌 경쟁력을 갖춘 미래 서울의 모습을 담을 수 있도록 설계됐다. 이에 따라 그동안 절대적인 기준으로 적용했던 주거용 건축물의 35층 높이 제한을 9년 만에 폐지하고, 특히 한강변의 스카이라인을 관리하도록 했다. 높이 제한이 없어짐에 따라 앞으로 정비사업을 추진할 아파트 단지에서 더 다양한 설계안이 나올 수 있을 것으로 보여진다. 연면적과 용적률 등은 그대로 유지 되지만 건폐율이 적어져 아파트 동 간 간격을 두고 배치되면서 통경축(조망권 확보를 위한 공간)이 생기고 다채로운 경관을 만들어 낼 수 있을 것으로 보인다.

그리고 도보로 30분 거리 내에서 주거 · 일자리 · 여가를 모두 누릴 수 있는 '보행일상권'도 도입된다.

보행일상권은 생활양식의 변화에 맞춰 주거 · 업무 등 공간의 경계를 허문 개념이다. 주거 위주의 일상 공간을 전면 개편해 서울 전역을 도보 30분 내에서 주거 · 일자리 · 여가를 모두 누릴 수 있는 공간으로 조성하여 시민 삶의 질과 도시경쟁력 향상에 주요한 역할을 담당한다.

2040 서울도시계획에서 강남은 동남권으로 분류되어 있고 1도심인 강남과 1개 광역중심지 잠실이 있다. 그리고 수서 · 문정, 천호 · 길동이라는 2개 지역중심지가 있다. 강남은 서울 부동산의 핵심시설이 모두 모여 있다. 특히 삼성동의 국제업무지역과 잠실의 MICE 등은 서울 최고의 오피스지역으로 자리매김을 하며 GTX 3개 노선 중 A와 C 등의 2개 노선

이 삼성동을 지나갈 예정이며 B 노선 역시 삼성·잠실 방향으로 변경을 추진하고 있고 추후 신설될 D 노선 역시 삼성동·잠실을 경유할 예정으로 있어 향후 20년 내로 명실상부하게 강남의 중심뿐 아니라 서울의 중심부로 변모할 것이다. 이와 더불어 1970-1980년도에 개발되었던 압구정동을 비롯한 강남권 주요한 주거단지들도 재건축이 추진될 예정이다. 특히 이 지역은 주택상품의 경쟁력과 고급화를 중요하게 생각하는 수요층이 잠재되어 있어 다시 유입될 것으로 보인다.

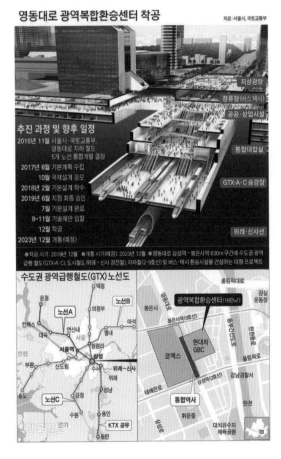

출처: 한국일보
2019.06.10. 김문중 기자

(2) 용산국제업무지구 고밀도 개발

　오세훈 서울시장은 2022년 7월 26일 '용산 정비창' 일대 약 50만㎡에 대한 개발 청사진인 '용산국제업무지구 개발구상'을 발표했다. 사업구역은 용산정비창 부지와 선로부지, 용산 변전소 부지와 용산역 후면 부지를 포함해 총 약 49만 3,000㎡다. 2013년 용산국제업무지구 도시개발사업이 최종 무산된 이후 청사진 부재 등으로 10년째 방치돼 온 이 일대를 도시경쟁력과 기술 혁신을 선도하는 아시아의 실리콘밸리로 만들겠다는 계획이 담겼다. 서울시는 용산정비창부지를 '입지규제최소구역'으로 지정하고, 법적 상한 용적률 1500%를 뛰어넘는 초고층 건물을 지을 계획이다. 입지규제최소구역이란 주거·상업·업무 등 다양한 기능이 복합된 지역으로 개발하기 위해 용도지역 등에 따른 입지규제를 적용받지 않고 건축물의 허용용도, 용적률, 건폐율, 높이를 별도로 정하는 규제특례다.

　용산 정비창 일대를 R&D 및 MICE산업 거점으로 만드는 것은 물론, 주거·여가·문화생활 등 다양한 기능을 담은 '직주혼합' 도시로 조성할 방침이다. 초고층 마천루를 건설하며, 외국 기업 및 인재의 유치·정착을 위해 국제교육시설·병원 등 외국인 생활인프라도 짓는다. 주택은 6,000가구(이 중 1,000가구는 오피스텔) 정도 들어설 계획이다. 전체 부지의 60% 이상을 업무·상업 등 비주거 용도로 채워 고밀 개발하는 한편, 공공성을 확보하기 위해 전체 부지 대비 기반시설율(도로·공원·학교 등)을 40% 수준으로 정한다. 대규모 중앙공원과 철도부지 선형공원 등 녹지생태공간을 조성해 지상부의 50% 이상을 녹지로 확보한다. 차량은 지하로 달릴 수 있도록 지하교통체계를 구축한다. 녹지와 보행공간은 용산역과 용산공원, 한강까지 이어진다. 용산 정비창은 방재·안전, 환경·에너지 등 도시인프라를 ICT 기반으로 하는 최첨단 스마트 도시로 조성될 계획이다. 지하도로를 비롯해 미래교통수단인 미래항공교통(UAM) 등과 GTX, 지하철 등 다양한 교통수단을 연계하는 복합환승센터 개념의 1호 '모빌리티 허브'가 들어선다. 용산이 서울 도심, 강남, 인천공항, 수도권 전역을 잇는 사통팔달의 연결통로가 되는 셈이다.

2023년 상반기까지 도시개발구역 지정과 개발 계획을 수립한다. 2024년 하반기 기반시설 착공, 2025년 앵커부지 착공을 목표로 사업을 추진할 계획이다. 획지별로 국제설계 공모 등을 통해 창의적인 건축물을 조성한다.

용산국제업무지구의 모습

출처: 서울시

(3) 여의도 금융 중심 지구단위계획

서울시가 여의도를 국제 디지털 금융 중심지로 도약하기 위한 밑그림을 공개했다.

출처: 서울시

서울시는 2023년 5월 24일 여의도 금융 중심 지구단위계획(안)을 수립해 오는 25일부터 열람공고에 들어간다고 밝혔다. 금융기관이 집적된 동여의도 일대(112만586㎡)를 대상으로 용도지역 상향, 용적률 인센티브 제공 및 높이 완화 등의 내용이 구체적 실행 계획안에 담겼다. 현재여의도 지역은 금융감독원, 대형증권사 28곳, 금융투자회사가 밀집해 있어 금융 중심지로서 발전해 오고 있다. 하지만 오픈스페이스 및 시민공간, 도시기능의 다양성 부족으로 인한 주말·야간공동화 등으로 금융중심지구 조성을 위한 계획이 필요하였다

이에 서울시는 이번 지구단위계획을 통해 ▲ 금융 투자여건 조성 및 적극적인 금융기능 도입 ▲ 다양한 도시기능 복합화 ▲ 보행 중심의 도시환경 조성 ▲ 세계적인 수변 도시경관 창출 등으로 국제금융 중심지 육성을 지원한다는 계획이다.

서울시는 여의도 지역 이용현황 및 입지특성을 고려하여 지구단위계획구역을 4개 지구(국제금융 중심지구, 금융업무지원지구, 도심기능지원지구, 도심주거복합지구)로 구획해 각 구역에 적합한 공간계획방향을 마련하고, 건축물의 용적률·높이·용도 등 전체적인 공간을 계획했다. 여의도 금융 중심 지구단위계획을 통해 규제 중심의 패러다임에서 벗어나 여의도가 국제적인 디지털 금융 중심지로 역할 수행하는 것을 구상한다.

지구별 이용 현황 및 입지특성을 고려, 금융중심지역을 4개 지구로 구분하여 공간계획방향 마련

① 국제금융 중심지구	
육성방향	진흥계획 용적률 인센티브 제공, 용도지역조정 가능지 지정 등을 통해 서울을 대표하는 **국제금융 중심지 육성**
지단수립방향	• 진흥계획에 따른 권장업종 용적률 인센티브 제공 • 진흥지구 용도지역 조정가능지 지정 (일반상업지역 → 중심상업지역) • 금융산업 관련기능을 지정 및 권장용도로 계획

② 금융·업무 지원지구	
육성방향	중소규모 업무, 금융지원시설, 가로활성화용도 도입 등 금융산업 생태계를 지원하는 공간 조성
지단수립방향	• 중소규모 금융시설, 금융지원시설 권장용도로 계획 • 휴먼네트워킹을 위한 가로활성화용도 배치 (1층 지정) • 대규모 저이용부지(KBS별관) 전략 활용

③ 도심기능 지원지구	
육성방향	도심활동에 필요한 **다양한 생활지원기능 육성**
지단수립방향	• 의료, 공공, 생활편익, 주거 등 다양한 도심기능 입지 가능하도록 건축물 용도 관련 제한 최소화 • 舊.학교용지는 새로운 도시기능의 입지를 고려하여 용도지역 상향 고려 (세부개발계획 수립시)

④ 도심주거 복합지구	
육성방향	다양한 유형의 도심주거, 외국인 생활지원공간 등 국제수준에 부합하는 **쾌적한 생활·문화환경 조성**
지단수립방향	• 상업지역 내 공동주택 특별계획구역 지정 • 공동주택 재건축 추진 시, 다양한 유형의 도심주거 공급 유도

출처: 서울시

① 국제금융 중심지구: 금융특정개발진흥지구 지역을 대상으로 일반 상업지역에서 중심상업지역으로 용도지역을 상향할 수 있도록 용도지역 조정 가능지로 지정했다. 이에 용적률 1,000%까지 부여한다. 특히 친환경, 창의·혁신디자인을 적용할 경우 1,200% 이상 완화할 수 있도록 해 투자 여건 향상을 도모했다. 권장 업종에는 보험업, 은행업 등의 전통적인 금융업종 외에도 IT가 접목된 핀테크업종도 포함됐다. 초고층 건축물을 유도하고 입체적인 경관을 형성하기 위해 창의·혁신 디자인을 도입하여 세계적인 수변 도시경관 창출이 가능하도록 한다는 방침이다. 금융특정개발진흥지구를 중심으로 350m 이상의 초고층 건축물을 유도하고 높이를 추가로 더 완화할 수 있도록 했다

② 금융업무 지원지구: 금융생태계 강화를 위한 중소규모 금융시설, 금융지원시설, 배후 상업공간을 확충할 수 있도록 금융시설, 금융지원시설을 권장용도로 계획했다.

③ 도심기능 지원지구: 도심활동에 필요한 다양한 생활지원기능 육성을 위해 공공·생활편익·주거 등 다양한 입지가 가능하도록 건축물 용도 제한을 최소화했다. 2020년 6월 실효된 학교부지는 제2종 주거지역(7층 이하)에서 준주거지역으로 상향할 수 있도록 했다.

④ 도심주거 복합지구: 특별계획구역으로 지정하여 향후 별도 계획을 수립할 수 있도록 최소한의 계획 수립 기준을 제시했다.

(4) 그레이트 한강 프로젝트

오세훈 시장은 2023년 3월 9일 그레이트 한강 프로젝트 추진계획을 발표했는데, 2007년에 추진했던 2007년 한강 르네상스 사업의 '2.0버전'이다. 한강의 편의성과 매력을 높여 시민 삶의 질을 개선하고, 서울의 도시경쟁력을 강화하는 게 목표다.

우선 한강 활용을 위해 도시계획 규제를 완화, 용산국제업무지구 등 한강변 핵심 거점에 '도시혁신구역'을 적용하고 용도구역이나 높이 제한 등 규제를 최소화할 방침이다. 한강변 아파트 높이 제한이 완화돼 스카이라인이 다양해지고, 제2 세종문화회관 등 대형 문화시설이 들어서며, 수상 활동의 거점이 되는 항만시설과 수상 산책로 및 보행교가 생긴다. 기존 도시계획 체계를 벗어나 도시·건축의 용도 제한을 두지 않고 용적률과 건폐율도 서울시가 자유롭게 정할 수 있게 된다.

주거지에는 특화 디자인을 적용해 리듬감 있는 경관을 구축하고자 한강변 아파트(주동) 15층 높이 제한을 폐지해 다양한 스카이라인을 만들 계획이다. 또 아파트 단지와 한강을 보행 동선으로 연결하고 한강 접근성을 강화하기 위해 한강변에서 추진되는 민간 개발사업은 한강변 입체 보행교 설치를 원칙으로 인허가 하기로 했다.

이와 함께 한강 배후지역 어디서나 걸어서 10분 안에 한강공원으로 갈 수 있도록 2030년까지 나들목 7곳을 신설하거나 증설할 계획이다. 이밖에 한강 생태 보호를 위해 강서습지생태공원을 생태경관보전지역으로 추가 지정하고 숲과 정원을 꾸준히 늘리며 기존 여의샛강 생태체험관은 리모델링한다. 한강을 여가와 문화예술을 즐기는 공간으로 만들고 자연성 회복을 부각시켰다. 그리고 342km에 이르는 한강의 지천들도 똑같은 콘셉트로 개발한다.

압구정 한강변 개발방향

출처: 서울시

(5) 정원도시 서울 조성

오세훈 서울시장은 서울에 대규모 공원 6곳과 마을 정원 2,200여 곳을 2026년까지 조성하고 또 시내 곳곳의 녹지를 2,000km가 넘는 '초록길'로 연결해 시민들의 휴식 공간으로 마련하는 정원도시 서울 조성 방안을 2023년 5월 24일 발표했다. 서울시민이 도심에서도 여가 생활을 즐길 수 있도록 일상 속 정원을 곳곳에 마련하겠다는 것이다.

압구정 재건축의 현황과 미래가치

열린정원 조성으로 서울시민이 도보로 갈 수 있는 생활권 공원 면적은 1인당 5.65㎡(약 1.7평)에 불과한 실정이다. 이에 시는 도심 공간을 비워 다양한 볼거리를 갖춘 정원을 곳곳에 만들기로 했다. 종로구 송현동 부지와 이건희미술관 외에 다른 공간도 모두 정원으로 꾸밀 계획이다. 서울시는 용산공원 내부에 세계 각국의 정원을 선보이는 세계 정원과 시민이 함께 만들어 가는 내가 그린 정원을 만드는 방안을 건의할 예정이다. 강서구 마곡 3지구 문화시설부지는 인근 서울식물원과 연계해 야생화 정원으로 가꿀 계획이다. 지하화가 추진되는 국회대로와 경부고속도로, 지하공간을 입체적으로 개발 중인 영동대로 상부 공간도 모두 정원으로 만들 방침이다.

또한 시민이 어디서나 도보로 5분 내에 정원을 경험할 수 있는 정원도시 서울이 목표이다. 이를 위해 서울둘레길은 8코스를 21개 코스로 나눠 짧고 다양하게 구성하고 둘레길이 지하철과 연결되는 구간도 17곳에서 49곳으로 확대한다. 서울 전역의 단절된 녹지를 연결하는 '서울초록길'은 2026년까지 총 길이 2,063.4km로 완성할 계획이다. 건물 옥상이나 벽면, 고가도로 하부에도 맞춤형 정원이 들어선다. 특히 지하 역사 공간을 활용한 '서울아래숲길'을 2026년까지 3곳 조성하기로 했다. 또 광화문-노들섬-노량진 10km 구간에 '국가상징가로'를 조성해 서울에서 가장 긴 가로 정원을 만든다는 방침도 밝혔다. 남산야외식물원 주변에는 숲 박물관을 조성하고, 남산도서관-남측둘레길-야외식물원 구간 샛길을 보완해 시민들이 편리하게 걸을 수 있도록 개선하기로 한다. 도심 하천을 명소화하는 '물의 정원' 사업도 불광천과 묵동천 등 4곳에서 시작한다.

(6) 오세훈 서울시장 매경 이코노미스트 강연

한강 르네상스 2.0은 관광객 3천만 명 시대 위한 몸부림

오세훈 서울시장이 지난 2023년 5월 16일 '매경 이코노미스트클럽' 강연에서 한강 르네상스 2.0 사업의 핵심 지역은 여의도 한강변으로 제2세종문화회관과 서울항을 조성해 관광 명소로 키우고 2030년까지 서울을 글로벌 톱5 도시를 만들겠다고 설명했다. 서울을 경제가 발전하는 매력적인 도시로 만들기 위해 더욱 노력하겠다며 서울의 경제성장요소를 관광, 금융, 첨단산업, 연구개발(R&D) 등 4가지라고 말했다.

특히 서울을 엄근진(엄격·근엄·진지)한 회색 도시에서 재미있는 매

압구정 재건축의 현황과 미래가치

력 도시로 바꾸어 일자리 창출 효과가 큰 관광 분야를 강화하겠다고 했다. 오 시장은 "관광객이 26명 오면 일자리 1개가 창출된다"는 통계가 있다. 이어 "한강 르네상스 2.0 사업은 서울을 찾는 관광객을 연간 3,000만 명으로 늘리기 위한 몸부림"이라고 덧붙였다.

오 시장이 지난 3월에 발표한 '한강 르네상스 2.0(그레이트 한강 프로젝트)'은 4대 전략, 55개 사업으로 구성돼 있다. 이는 한강 접근성을 높이고 관광 명소를 늘리는 데 초점을 맞췄다. 그리고 핵심 사업지 중 하나로 여의도를 꼽았다. 여의도 한강변에 제2 세종문화회관을 지을 예정이다. 독일 함부르크를 대표하는 예술시설인 '엘프필하모니'에서 영감을 얻었다. 그는 "해변가 창고에 음악당을 짓는 데 1조 2,000억 원이 들어가 처음엔 엄청나게 욕을 먹었다고 한다."며 "하지만 완성된 후 전 세계에서 관광객이 몰려와 투자를 상회하는 경제가치를 냈다. 제2 세종문화회관도 그렇게 만들 것."이라고 강조했다. 여의도에 선착장 '서울항'을 만들고 수상버스도 운영한다. 오 시장은 "한강 수상버스를 2-3년 안에 성공적으로 운행할 것."이라며 "안 된다고 하는데 된다. 올해 영국 런던 템스강의 수상버스인 '리버버스'를 직접 가서 타 봤다."고 설명했다. 그러면서 "시속 50km로 빠르고 진동과 소음도 없었다."며 "리버버스 속도라면 잠실에서 여의도까지 30분 안에 갈 수 있다. 정거장은 10개 정도 될 것 같다."고 말했다.

여의도를 아시아의 금융 중심지로 키우겠다는 구상도 내놨다. 국책은행과 연기금이 지방으로 이전하는 만큼 핀테크와 블록체인을 중심으로 지원할 계획이다. 외국인 친화적인 지역으로 만드는 방안도 고민하고 있다. 오 시장은 "글로벌 금융기업이 '탈홍콩'으로 싱가포르로 가고, 구글·애플·아마존 유럽 본사가 아일랜드에 있는 이유는 같다."며 "가장 큰 이유는 세금 때문이고 두 번째는 영어."라고 말했다. 그는 "적어도 여의도에선 병원, 학교, 카페 어디서든 영어가 가능하도록 외국인 친화적인 도시를 만들고 싶다. 도시경쟁력이 오를 것."이라고 말했다.

성동구 성수동 삼표레미콘 용지는 유럽의 실리콘밸리로 불리는 아일랜드 '그랜드 캐널독 지구'와 같이 개발한다. 삼표 용지에 기술, 사회관계망서비스(SNS), 미디어, 웹 등 첨단 산업에 투자하는 기업들이 모인 글로벌 퓨처 콤플렉스(GFC)를 짓겠다는 구상이다. 서초구 양재는 인공지능(AI), 강남구 수서는 로봇, 동대문구 홍릉은 바이오 산업 중심지로 키울 계획이다.

회색 도시를 바꾸기 위해 도심 속 녹지 공간도 늘린다. 이른바 '녹지생태도심 재창조' 전략이다. 적용 대상지로는 중구 세운재정비촉진지구(세운지구)를 꼽았다. 서울시는 현재 170여 개로 나뉜 세운지구 구역을 30여 개로 결합해 재개발하도록 하는 가이드라인을 만들고 있다. 오 시장은 "세운상가를 허물고 결합개발을 하려고 한다."며 "층수를 35층으로 제한하지 않고 60층까지도 짓게 해주겠다. 그 대신 녹지를 공공기여하라는 것."이라고 말했다. 녹지 공간을 만들면 용적률 인센티브를 주는 방식으로 세운상가부터 진양프라자로 이어지는 1㎞ 넘는 구간을 선형공원으로 조성하는 게 목표다.

압구정 재건축의 현황과 미래가치

'정원도시' 구상과 관련해선 일부 전문가가 비용과 효용에 대해 우려를 제기한다. 서울시는 동부간선도로, 경부간선도로, 국회대로 등 자동차 전용도로를 지하화하는 작업을 진행하고 있다. 오 시장은 "도로를 지하로 넣고 지상을 녹지 공원으로 만들겠다."며 "이달 안에 정원도시 프로젝트를 발표할 예정."이라고 말했다. 또한 혁신적인 디자인을 가진 건축물이 나오도록 유도할 계획이다. 비용 문제에 대한 질문에 오 시장은 "디자인이 좋으면 용적률 인센티브를 주겠다. 재미있는 건축물을 많이 만들어야 한다."며 "도시건축물 하나가 도시의 표정을 바꾸기 때문."이라고 설명했다. (참고/매일경제/이희수 기자/2023.05.21.)

(7) 디자인 서울 2.0과 도시경쟁력

오세훈 시장은 2023년 6월 디자인을 서울의 미래를 먹여 살릴 신성장 동력으로 선정한 후 디자인을 통해 경제가치를 이끌어내고 세계적인 경쟁력을 키울 수 있는 주제를 제기하였다. 그리고 "도시가 국가 경쟁력을 견인하는 21세기에는 서울의 경쟁력이 곧 대한민국의 경쟁력."이고, "서울은 이제 하드웨어가 아닌 소프트웨어 중심의 도시로 거듭나야 한다."고 주장했다. 그 연장선상에서 문화와 디자인을 원천으로 도시의 부가가치와 경쟁력을 높여나가는 문화도시, 디자인도시 전략, 이른바 '컬쳐노믹스'와 '디자인노믹스'를 추진하였다. 제2기 디자인 시정의 목표는 경제적 효과이다.

디자인 서울 2.0에서는 공공 디자인을 통해 도시를 보다 편안하고 안전하고 쾌적하게 만들어 가고 이를 통해 도시의 품격을 올리고 브랜드

가치를 높여 가는 과정이다. 이런 정책의 연속성으로 2023년 8월 31일 서울시는 민간분야의 도시건축 디자인 혁신 활성화를 위해 추진 중인 '도시건축 창의 혁신디자인 시범사업공모 관련 최종 기획디자인(안)'으로 6개 작품을 선정했다. 평가 주안점은 대상지의 장소적 특성 디자인콘셉트, 상징성, 혁신디자인 여부, 공공성 및 사업 파급성까지 다양한 요소를 고려했다. 우리가 관심을 기울여야 하는 청담동 주거프로젝트인 '테라스형 도심 녹화 주거단지'는 저층부 피라미드형 정원과 녹지의 수직적 연속성을 잘 표현하여, 새로운 주거형태 모델을 보여 줬다는 평이다. 그리고 '테라리움'은 중층부에 독창적인 디자인의 스카이 가든과 공원형의 실내 테라리움 조성을 제시했다.

테라스형 주거

테라리움

출처: 서울시

오세훈 시장 서울시 정책:

① 용산과 여의도 개발에 총력을 기울이고

② 한강수변 정비 및 개발을 통해 서울시민의 접근성, 공공성 강화를 하고 또 다른 한편으로는 한강변 재건축 아파트의 스카이라인을 다양화하여 한강변을 개선

③ 정원도시, 녹지확충 및 이를 위한 도로의 지하화

④ 글로벌 도시 서울의 경쟁력 제고와 일자리 창출을 위한 관광산업 확대가 최우선 과제로 도시디자인을 가장 중요하게 생각한다.

(8) 오세훈 시장 재건축 정책과 절차(신속통합기획)

이른바 오세훈표 재건축 정책인 신속통합기획은 2019년 3월에 발표된 서울시 도시건축안에 뿌리를 두고 있다. 이 안의 핵심 내용은 ① 공공의 책임 있는 뉴 프로세스 실행 ② 사전공공기획단계 도입 ③ 아파트 단지 도시성 회복 ④ 건축 디자인 혁신 등으로 현재 신속통합기획정책과 같은 내용이다. 한마디로 재건축방향을 공공주도로 하겠다는 정책이다.

이후 오세훈 시장은 서울시장 재보궐선거에 당선된 직후 2021년 5월에 6대 재개발 규제 완화 방안을 발표하며 5년이 소요되던 정비구역 지정 절차를 단 2년으로 압축시키고 민간주도의 재건축사업의 의지를 보였다. 이로써 6개월간의 주민제안과 사전검토 과정이 4개월로 단축되고, 사전타당성 조사와 기초생활권계획 수립, 정비계획 수립 등의 절차를 약 3년에서 1년 2개월로 줄이고 여기에 정비구역 지정을 위한 법정

절차도 6개월로 앞당겨지면서, 향후 정비구역 지정 절차가 간소해지고 신속하게 진행되게 하였다. 이 정책은 표면적으로는 주도적인 민간참여를 내세우지만 현재 진행 과정에서는 여전히 공공주도의 정책으로 보여지고 있다.

오세훈 서울시장의 정비구역 지정 계획

현행 5년					
6개월	12개월	12개월	12개월	12개월	
주민제안 (자치구)	사전검토 (자치구)	사전 타당성조사 (자치구)	기초생활권 계획 수립 (자치구)	정비계획 수립 (자치구)	정비구역 지정 법정절차

공공기획 전면 도입
(공공성 확보, 가이드라인 제시, 기간 단축)

변경(안) 2년			
4개월		14개월	6개월
주민제안 (자치구)	사전검토 (자치구)	공공기획 + 정비계획 (서울시)	정비구역 지정 법정절차

출처: 대한민국 재건축재개발 지도 (정지영 저)

서울시의 신속통합기획은 정비계획 수립단계에서 서울시가 공공성과 사업성의 균형을 이룬 가이드라인을 제시하고 신속한 사업추진을 지원하는 공공지원계획이라고 정의하고 있다. 그러면 서울시 보도자료에서 나온 신속통합기획을 살펴보자.

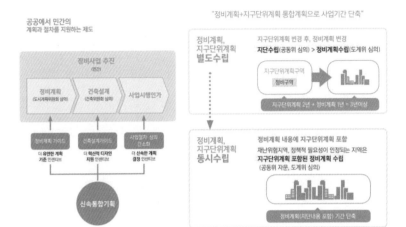

　신속통합기획은 오세훈표 재건축 정책인데 한마디로 요약하면 도시계획(지구단위·정비계획)과 건축설계 부분을 공공기관이 조합주민과 통합하여 결정하고 건축허가(사업시행인가)까지 과정의 시간을 단축하겠다는 정책이다. 현재 많은 재건축, 재개발 사업장들이 참여하여 진행되고 있으나 사업기간의 단축이라는 결과는 아직도 나타나고 있지 않다. 더구나 공공지원이라는 미명하에 용적률 상향을 미끼로 한 임대주택수 증가는 조합주민의 반발을 사고 있다. 결국 이 정책의 본질은 부족한 서울주택수를 가능한 빠르게 공급하고자 하는 목적으로 변질되고 있는 느낌이다.

서울시 신속통합기획 제시안: 압구정 구역별 세대증감

구역	기존 세대	신속통합제시안	세대 증가율
2(신현대)	1924세대	2730세대	142%
3(구현대)	3934세대	5810세대	147%
4(성수현대, 한양 3, 4, 6차)	1341세대	1790세대	133%
5(한양 1, 2차)	1232세대	1540세대	125%

서울시의 세대수 제시안은 특히 2, 3구역에 지나치게 크게 증가해 있는데 기존의 비슷한 규모의 재건축사업장과 비교하면 임대주택의 증가가 훨씬 더 많이 차지하고 있어 조합주민의 사업수지악화와 주거환경저하라는 두 가지 불리한 점을 가져다준다. 과연 압구정에서의 증가된 임대주택건설이 서울시민의 이익에 부합하는지, 조합주민을 위한 정책인지 의심스럽다.

참고로 서울시에서 발표한 신속통합기획 추진구조는 다음과 같다.

참고: 신속통합기획 추진구조

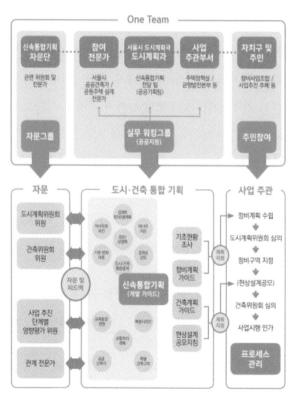

출처: 서울시

결국 신속통합기획을 정리하면 이렇게 볼 수 있다.

지구단위계획/정비계획 통합 수립: 시간 단축
건축/교통/환경 통합 심의: 시간 단축

재건축 초기 단계인 정비계획 수립단계에서 공공성과 사업성의 균형을 이룬 가이드라인을 제시하고 사업시행인가(건축허가)까지 과정인 정비계획 수립, 건축설계, 사업시행인가를 서울시에서 지원하여 재건축 시간과 과정을 단축하며 서울시 주택공급을 빠르게 확대하겠다는 것이 오세훈 시장의 핵심 재건축 정책이다.

3) 재건축사업 절차 및 요약

(1) 재건축사업 절차 한눈 요약표

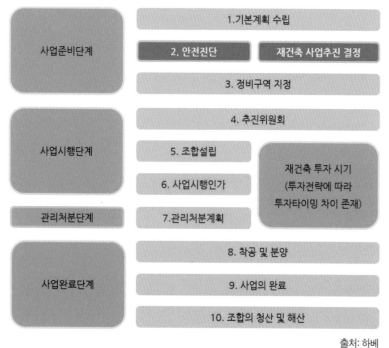

출처: 하베

(2) 재건축사업 절차 전체 행정 절차 요약

재건축사업이란?

정비기반시설은 양호하나 노후·불량 건축물에 해당하는 공동주택이 밀집한 지역에서 주거환경을 개선하기 위하여 시행하는 사업이다.

재건축사업시행 행정 절차

1. 도시·주거환경정비 기본계획 수립(시장)

입안(시장) → 주민공람(14일 이상) → 관계 행정기관 협의 → 서울시의 회 의견청취 → 서울시 도시계획위원회심의 → 고시(시장)

2. 안전진단 실시(시장·군수·구청장)

안전진단대상: 공동주택 재건축의 경우에만 해당

신청시기: 해당 공동주택이 재건축 가능연한 도래 후(노후도 충족 후)

신청방법: 건축물 및 그 부속토지 소유자 1/10 이상 동의를 받아 구청장 에게 신청

3. 정비구역 지정(시장)

기초조사(구청장) → 입안(구청장) → 주민설명회(사전 서면통보 후) → 주민공람(30일 이상) → 구 의회의견청취(60일 이내) → 서울시 상정 → 시 도시계획위원회 심의 → 지정 및 고시(시장)

4. 조합설립 추진위원회 승인(구청장)

구청장 승인

토지등소유자 1/2 이상 동의, 5인 이상 위원으로 구성

정비사업전문관리업자선정, 정비사업시행계획작성, 조합설립인가 준비

업무 등 수행

5. 조합설립인가(구청장)

주택재건축사업: 전체 소유자 3/4, 동별 소유자 2/3 동의

토지면적 1/2 이상, 토지등 소유자 2/3 이상 요청 → 주택공사 등 시행자

지정

6. 사업시행인가(구청장)

사업시행계획서 작성 → 주민총회(과반수 이상 동의)(법28조제5항) →

인가 신청 → 주민공람(14일 이상) → 인가 및 고시(구청장)

7. 관리처분계획인가(구청장)

분양 통지 및 공고 → 분양 신청(30-60일) → 관리처분계획 수립 → 주민

공람(30일 이상) → 총회의결(과반수 이상 찬성) → 인가 신청 → 인가

(구청장) → 고시(구청장) → 인가 내용 통지(시행자)

8. 철거 및 착공(시행자)

이주(시행자) → 감리자 지정(구청장) → 철거 → 부지 경계측량 등(시행

자) → 착공신고, 일반분양

9. 준공인가(구청장)

준공인가 신청(시행자) → 관련 부서 협의 및 인가조건 이행 등 검토(구청장) → 준공인가 및 고시(구청장) → 분할 확정측량 등

10. 이전등기(시행자)

관리처분계획사항 통지(시행자) → 소유권이전 고시 및 보고(시행자) → 공보에 고시(구청장) → 이전고시 내용 관할등기소 통보(사업시행자) → 소유권 보존등기

11. 조합 해산 · 청산(시행자)

청산금 징수 · 지급 등

(3) 재건축사업 주요 5단계 정리

[1단계] 정비구역 지정: 사업 준비 단계

종합적이고 기본적인 도시계획이 먼저 수립된 후 재건축 · 재개발 · 주거환경정비사업 상세 계획이 수립된다.
- 기본계획 수립
- 안전진단(재건축)
- 정비계획 수립 및 정비구역 지정(입주민 2/3 동의 필요)

기본적으로 재건축에 대한 밑그림(용적률, 건폐율, 층수, 높이, 건축물 용도)이 그려진 것이다.

※ 정비계획:

도시·군 계획시설의 설치에 관한 계획, 공동이용시설 설치계획을 하는 것으로 주로 건축물의 주용도·건폐율·용적률·높이에 관한 계획, 환경보전 및 재난방지에 관한 계획, 정비구역 주변의 교육환경 보호에 관한 계획, 세입자 주거대책, 정비사업시행 예정시기 등을 수립한다. (층수, 주동수, 평형별세대수)

의미: 아파트 및 단독주택구역이 낡아서 재건축, 재개발을 할 수 있게 만드는 계획이다.

※ 지구단위계획이란?

도시계획 수립 대상 지역의 일부에 토지이용 합리화, 기능증진, 미관개선, 양호한 환경확보 등 해당 지역을 체계적, 계획적으로 관리하기 위하여 도시 및 군 관리계획으로 결정 및 고시하는 도시관리계획을 말한다.

도시설계와 도시계획법에 의한 상세 계획을 통합하여 지구단위계획이라는 제도가 등장하였고, 쉽게 말해서 지구단위계획구역이란 도시계획이 진행 중인 개발대상 지역의 일부를 설정해서 이런저런 모습의 보완을 통해 관리를 한다는 뜻이다. 지구단위계획구역이란 과거의 무분별하고 불균형적인 개발의 문제점을 해결하기 위해 일정 지역을 지정해 한번에 개발하는 목적을 갖고 있다.

기반시설의 배치, 건축물의 용도제한, 건폐율, 높이, 배치 등의 규제를 통해 주변 지역과의 관계와 조화를 고려하고 토지이용의 합리성을 높여 도시의 미관과 기능 및 환경을 효율적으로 유지하고 관리하기 위한 계획적인 규제라고 생각하면 되겠다. 지구단위계획구역이란 난개발 방지를 위해 개발 수요를 집단화하고 기반시설을 확보하기 위해 지정하는 것이기에 지정된 구역은 기존에 묶여 있던 규제사항이 풀리며 계획적인 개발이 가능하고 건폐율, 용적률 등의 규제가 완화되어 적용되며 부동산 가치가 상승하게 된다.

의미: 용도지역의 변경을 통해서 아파트를 지을 수 없거나 사업성이 부족한 땅을 지구단위로 변경하였다.

[2단계] 조합설립인가 단계

사업이 본격적으로 진행되는 단계로 조합이 설립되고 설계사 선정이 이루어진다.

조합설립 후 투기과열지구의 조합원은 10년 소유 및 5년 거주조건이 되지 않을 시에는 조합원 지위 양도금지가 시작되니 매매 시 확인해야 한다. 그리고 조합설립 후 3년이 지난 시점에 사업인가 신청이 되지 않으면 10년 소유 및 5년 거주의 조합원 지위 양도자격의 규제가 해제된다.

- 조합설립추진위원회를 설립한다.
- 75% 동의로 조합을 설립한다.
- 설계사 선정 및 아파트를 지을 시공사를 선정한다.
- 시공사 선정은 조합과 조합원 입장에서는 매우 중요한 이벤트이다.
- 건축심의 신청 및 통과

[3단계] 사업시행인가 단계

재건축사업이 본궤도에 진입한 상황이다. 이 시점 이후에는 서울시에서

무한정 까다롭게 재건축사업을 지연시킬 수 없다. 본격적인 재건축 시간표와 함께 조합원들이 분양가와 추가분담금을 대략 계산할 수 있다.

사업시행인가단계에서 관리처분인가까지 기간에서 대략적인 추가분담금이 예측되어 아파트매매가 상승 정도에 따라 활발하게 조합원들의 재건축 아파트매매가 이루어진다

- 건축허가를 취득하는 단계
- 감정평가, 조합원 분양 신청 진행

조합에서는 본격적인 재건축사업의 중요한 단계이다.

※ 감정평가:

감정평가는 사업구역 내 부동산의 가치를 산정하는 절차로 사업시행인가 고시일을 기준으로 재건축사업의 경우 조합(총회), 시장/군수가 선정한 감정평가업자 1인 이상이 참여하여 조합원 개인의 자산을 직접 실사하여 평가하게 된다. 조합원이 가장 관심 있어 하는 부분 중 하나가 바로 **'조합원 분담금'**이다. 이런 조합원 분담금을 산출하기 위해 필연적인 절차가 바로 감정평가이다.

※ 분양 신청:

사업시행자가 통지 및 공고한 분양 신청 내용을 기반으로 토지등 소유자는 분양 신청서를 제출한다. **분양 신청은 통지일로부터 30일 이상 60일 이내**에 이뤄져야 한다. 조합원은 분양 신청 자격과 분양 신청 방법, 분양대상자별 분담금의 추산액 등이 담긴 분양 신청 안내서를 바탕으로 원하는 동호수로 분양 신청을 하거나 현금 청산을 선택하게 된다.

압구정 재건축의 현황과 미래가치

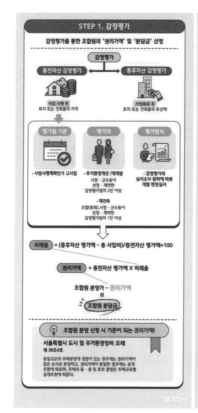

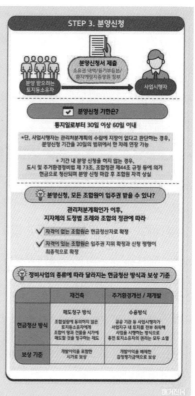

출처: 현대건설 매가진 H

[4단계] 관리처분계획 단계

재건축 및 재개발 등의 정비 사업 시행 후 분양되는 대지 또는 건축시설 등에 대하여 권리의 배분에 관한 사항을 정하는 단계이다. 사업규모가 확정되고 감정평가액 총액이 결정되고, 일반분양 및 임대주택물량, 보류지, 총 재건축사업비 추산액 등이 정해진다. 조합원 분양가는 평균가로 발표되지만 동·호수 추첨 후에 개개 조합원들의 정확한 분양가가 정해진다. 본격적인 관리처분계획 수립 및 통지에 앞서 사업구역 내 부동산의 가치를 평가하는 감정평가와 이를 바탕으로 한 조합원 분양 신청이 이뤄진다. 이것은 조합원에게 가장 중요한 절차로 기존 부동산의 가치를 산정하고 조합원들의 '권리가액'과 '추가분담금'을 산출하게 된다. 이 단계에서 조합원의 권리가 확실해진다.

관리처분인가일을 기점으로 조합원의 아파트는 입주권으로 바뀐다. 그리고 투기과열지구의 조합원은 5년간 재당첨 제한 대상자가 된다.

- 조합원 분양 신청
- 관리처분계획 수립(조합원 분양 신청 마지막 날)
- 종전자산 및 평균 부담금 통지
- 관리처분계획 총회 및 공람
- 관리처분계획인가 신청
- 관리처분인가

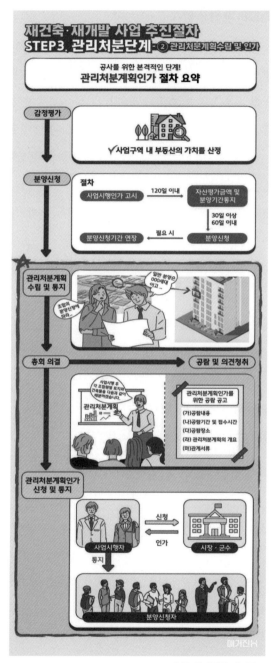

출처: 현대건설 매가진 H

[5단계] 일반분양 및 완료 단계

재건축 과정에서는 이주비 대출이 어렵지 않다. 이주 후 철거가 완성된 후에 착공과 동시에 모델하우스가 지어지고 조합원 동·호수 추첨결과가 발표된다 그 직후 일반분양이 진행된다.

준공이 되고 소유권 이전이 끝나면 최종비례율이 나온다. 조합에서 사업비를 최종 정산하여 추가분담금 혹은 환급금이 최종 결정된다.

- 이주 및 철거
- 착공 및 일반분양
- 준공 후, 이전고시 및 청산

비례율/권리가액/추가분담금계산:

조합원들이 가장 관심을 가지고 있는 **추가분담금 계산**에 대하여 알아보겠다.

① **감정평가액**: 현재 시점의 개개 조합원의 부동산의 가치를 나타낸 값

② **비례율**: 재건축사업에서 조합의 수익률

비례율 = 〔총수입(종후자산평가액) - 총사업비〕/감정평가액(종전자산평가액)×100

- 총수입: 조합원분양가+일반분양가+임대수익
  총사업비: 건축비 및 사업비

(**예시**) 비례율 85%: 손해, 조합원이 15%씩 추가 분담금을 내야 함

비례율 100%: 중립

비례율 110%: 수익, 흑자금액에 따라 10% 환급

③ 권리가액: 감정평가액과 향후개발이익을 합산한 가치

> 권리가액 = 감정평가액 × 비례율

④ 추가분담금: 조합원분양가가 권리가액보다 크거나 주택면적이 무상 지분 면적보다 커서 추가로 내야하는 금액

> 추가분담금 = 조합원분양가 - 권리가액

(예 1) 비례율 110% 시 추가분담금

* 감정가액 1억/비례율 110% = 권리가액 1억 1천만

* 조합원분양가격 3억 원일 시

  3억(분양가)-1.1억(권리가액) = 1.9억(추가분담금)

(예 2) 추가분담금 계산

압구정 2구역 APT를 가지고 있는 홍길동 권리가액

84㎡ APT 분양

59㎡ APT 분양 두 가지에서 추가분담금 계산

홍 씨의 APT 권리가액: 감정가액 5억 원/비례율 110%

권리가액: 5억(감정평가액)×110%(비례율) = 5.5억

홍 씨 추가분담금 계산

84㎡ 조합원 분양가 6억 84㎡ 추가분담금: 6억(분양가)-5.5억(권리가액)

= 0.5억

59㎡ 조합원 분양가 4억 59㎡ 추가분담금: 4억(분양가)-5.5억(권리가액)

= -1.5억(환급 받음)

(4) 압구정 2구역 신현대아파트 분양가 및 추가분담금 계산

2023년 6월 24일 당선된 dA건축사무소의 설계계획안을 기초로 하여 추정 분양가와 추가분담금의 액수를 알아보겠다. 그렇지만 이 계산결과는 잠정적인 것으로 조합원 평형 신청 이후 세대수와 평형조정이 된 설계안이 다시 변경되면 분양가와 추정분담금은 다시 변경될 수 있어 최종 분양가와 분담금은 다를 수 있다.

① 재건축면적

a. 압구정 2구역(신현대아파트) 사업개요

실사업부지		141,685㎡(42,934평)
건축면적		46,816㎡(14,186평)
연면적		706,864㎡(214,201평) - 지상 424,180㎡(128,539평) - 지하 282,684㎡(85,661평)
건폐율		33.04%
용적률		299.38%(424,180㎡/128,539평)
조경		42,510㎡(12,772평)
건축규모		지하 3층/지상 49층(2,602세대)
세대당 평균 공급면적	조합원	184.25(55.83)
	일반	97.11(29.42)
	임대	88.67(26.86)
	전체 평균	160.61(48.66)

b. dA건축사무소 당선 설계안의 압구정 2구역 세대구성

평형(전용/공급)	세대수	비율 (조합세대수)	임대/분양	평형(전용/공급)	세대수	세대합
84㎡(25/35평) 102㎡(31/42) 115㎡(35/47)	166 326 357	44%(849)	임대 아파트	59㎡(18/25) 84㎡(25/35)	231 57	288
134㎡(41/56) 150㎡(45/63) 170㎡(51/71)	477 222 63	39%(762)	일반분양	59㎡(18/25) 84㎡(25/35)	216 174	390
185P㎡(56/77) 192T㎡(58/80) 212P㎡(64/88) 234P㎡(71/97) 350P㎡(106/146)	171 49 58 30 5	16%(313) (총 세대수 1,924)				총 세대 합 2,602

c. 세대별 주택공급면적

주거전용 주거공용 기타공용(B)	306,188㎡(92,784평) 111,726㎡(33,856평) 286,749㎡(86,893평)	73.2% 26.7%
주거 전용+공용(A) (공급면적)	417,915㎡(126, 640평)(임대: 7770평/일분: 11,490평)	
계약면적(A+B)	704,664㎡(213,534평)	

d. 근생공급면적

지상 1층 지상 2층	1,100㎡ (333평) 1,100㎡ (333평)
합	2,200㎡ (666평)

　공급면적 총합(주택+근생)은 706,864㎡(214,201평)이다.

　이러한 기본적인 사업구조에서 일반분양 단가를 계산해 본 것이다.

공사비는 평당 950만 원으로 산정했다.

② 사업분석 (총비용)

a. 종전자산 추정

원칙적으로 사업시행인가 고시가 있는 날을 기준으로 하는 것이 원칙이나 추정분담금 산출을 위해 편의로 단순 추정하였다. (한국부동산원 평균 시세를 가지고 추정함)

구분	세대수	추정종전자산가치(천원)
아파트	1924	8,716,350,000
상가	47	141,913,000
합계	1971	8,858,263,000

즉 압구정 2구역의 추정 종전자산가치는 88,582억 원이다.

b. 공사비 및 사업비 추정

사업비 항목	비용	비교
공사비	21,918억	
관리	20억	
설계	128억	
감리	287억	
수수료/기타	263억	(평단 950만/1,025만(VAT))
부담금	133억	
금융	175억	
기타	710억	
예비	1,095억	
총합계	24,729억	

총 건축면적 214,201평에 평당 공사비 950만 원을(49층) 가정했을 때 총 공사비는 21,918억이다. 위 표의 사업비는 현재 상태에서 사업비를 추정한 것으로 평당 공사비 증액, 총 연면적의 증감, 이주비 이자비용 및 조합원 분양금융비용 등으로 인한 변화가 앞으로 예상된다. 타 단지의 경우 사업비포션이 공사비의 20-30%까지 액수를 보여 정확한 사업비 추정은 추후에 다시 산정해야 한다.

c. 총지출액수

추정종전자산가치는 88,582억 원

공사비 21,918억

사업비 2,811억

지출합계 24,729억 원

③ 사업분석(총수익)

a. 조합원 분양가(당선 설계안)

평형(전용/공급 평)	세대수	분양가	분양수입
84㎡ (25/35)	166	23억	3,918억
102㎡ (31/42)	326	27억	8,855억
115㎡ (35/47)	357	30억	10,812억
134㎡ (41/56)	477	35억	16,878억
150㎡ (45/63)	222	39억	8,623억
170㎡ (51/71)	63	44억	2,765억
185P㎡ (56/77)	171	64.6억	11,050억
192T㎡ (58/80)	49	67억	3,287억
212P㎡ (64/88)	58	74억	4,281억
234P㎡ (71/97)	30	81억	2,442억
350P㎡ (106//140)	5	123억	617억

조합원분양 총수입: 73,538억

b. 일반 분양가

· **일반분양부지면적 및 택지단가**

일반분양부지 11,684(3,540평), 공시가격 1.79억 원/평, 총 택지비 6,353억 (1.8억/평)

c. 일반분양건축비 추정

항목		건축비(950만 원/평)
세대	390세대	
전용	27,691㎡ (8,391평)	
공급	37,855㎡(11,471평)	805억
지하	26,040㎡(7,890평)	243억
계약	63,895㎡(19,362평)	총 1,048억
59㎡ 타입		2.26억 (세대 건축비)
84㎡ 타입		3.20억 (세대 건축비)

d. 분양가 상한제에서 일반분양단가

택지비	6,356억
택지가산	695억
택지총소계(A)	7,052억
기본건축비	1,048억
건축가산비	160억
건축총소계(B)	1,208억
총합계(A+B)	8,260억
3.3㎡ 상한분양가	**7,500만**

④ 압구정 2구역 사업성 분석

a. 조합원 분양, 일반 분양수입

평형(전용/공급)	세대수	분양가	임대/분양	평형(전용/공급)	세대수/분양가/분양수입
84㎡ (25/35평)	166	23억	임대	59㎡ (18/25)	231
102㎡ (31/42)	326	27억		84㎡ (25/35)	57
115㎡ (35/47)	357	30억			
134㎡ (41/56)	477	35억	일반분양	59㎡ (18/25)	216/18.6억/4,015억
150㎡ (45/63)	222	39억		84(㎡25/35)	174/26.3억/4,570억
170㎡ (51/71)	63	44억			
185P㎡ (56/77)	171	64.6억			
192T㎡ (58/80)	49	67억			
212P㎡ (64/88)	58	74억			
234P㎡ (71/97)	30	81억			
350P㎡ (106/146)	5	123억			

조합원분양수입: 73,538억, 일반분양수입: 8,585억 원, 임대수입: 422억,

상가수입: 1,190억

총수입: 83,740억(일반분양+임대+조합)+상가분양

b. 비례율 산정

$$\frac{83,740억(총수입)-24,729억(총비용)}{88,582억(종전자산평가)} = \frac{59,011억(예상 이익)}{88,582억}$$

= 66.61%(현재 압구정 2구역 추정 비례율)

⑤ 추정분담금 결론

공사비 950만 원/평, 추정종전자산가치 88,582억 원, 일반분양가 7500만 원/평, 조합원 분양가 6750만 원/평, 비례율 66.61%

위의 결과로 아래와 같은 추정분담금 계산이 된다.

추정분담금: 공사비 950만 원/평(비례율 66.61%)

	84 (25/35)	102 (31/42)	115 (35/47)	134 (41/56)	150 (45/63)	170 (51/71)	185P (56/77)	192T (58/80)	212P (64/87)	234P (70/96)	350 (106/146)
35평	0.67억	4.2	7.3	12.4	15.8	20.9	41.6	44.1	50.8	58.4	100
50평			-2.3	2.7	6.2	11.2	31.9	34.4	41.1	48.7	90.7
51평				2.4	5.87	10.9	31.6	34.1	40.8	48.4	90.4
56평				-0.58	2.87	7.93	28.6	31	37.8	45	87
57평				-1.91	1.54	6.6.	27	29	36.5	44	86
60평					0.87	5.9	26	29	35.8	43	85
61평					-0.45	4.6	25	27	34	42	84
세대수	166	326	357	477	222	63	171	49	58	30	5
평당 분양	6750만	6413	6413	6345	6210	6210	8437	8437	8437	8437	8437
분양가	23억	27억	30억	35억	38.8억	44억	64.6억	67억	73.8억	81.4억	123억

⑥ 입주 시 가치 및 투자수익예측

그리고 35평, 51평, 61평 조합원이 각각 재건축 후에 현재 공급된 자기 평형과 재건축 후 비슷한 전용평형 아파트를 선택한 후에 입주 시점의 예상 차익을 계산해 보았다. 현재 시가는 평당 1억으로 산정했고 입주 시점 시세는 평당 3억으로 예측했다. 각 평형별로 표와 같은 시세차익을 보인다.

평형	현 시세+추분	입주가격-조하부언투자비 = 입주 시 차익
115㎡(35/47평)	35억+7.3억=42.3억	100억-42.3억=57.7억
170㎡(51/71)	51억+10.9억=62억	153억-62억=91억
185㎡(56/77평)	61억+25억=86억	168억-86억=82억

※ 8.8조(종전가치)의 비례율 1% 차이: 880억/1,924세대 = 2,000만(세대당 분담금 변화가 나옴)

아파트 분양 시 적용되는 면적기준

구분	특징
1. 전용면적	독립적으로 사용하는 공간(방, 거실, 욕실, 주방, 세대 현관)/발코니는 제외
2. 공용면적	함께 사용하는 공간(주거공용면적과 주거 외 공용면적으로 나뉨) 주거공영면적(엘리베이터, 복도, 계단) 주거 외 공용문적(경비실, 노인정, 관리실, 놀이터)
3. 서비스면적	서비스면적은 발코니면적이라고 생각하면 일맥상통 (전용면적, 용적률 등, 공용면적, 계약면적, 분양면적 등에 포함되지 않음)
4. 실사용면적	실사용면적(전용면적+서비스면적) - 전용면적+발코니면적율이 실사용면적이다 생각하면 일맥상통 - 실무에서 실사용면적이라 함은 발코니를 확장하여 넓어진 면적까지 말하는 경우가 대부분
5. 공급면적	공급면적(전용면적+주거공용면적) - 아파트 분양평형이라고 생각하면 일맥상통 - 단, 오피스텔 분양평형과는 다름(아래에 별도 설명)
6. 계약면적	계약면적(전용면적+주거공용면적+주거외공용면적) 계약면적(공급면적+주거외공용면적)
7. 분양면적	분양면적(분양면적은 아파트와 오피스텔이 다름) - 아파트에서는 공급면적을 분양면적으로 해석(아파트는 주택법) - 오피스텔에서는 계약면적을 분양면적으로 해석(오피스텔은 건축법) - 오피스텔의 전용률이 떨어지는 이유이다. 아파트는 공급면적 대비 전용면적이 전용률이 되고 오피스텔은 계약면적 대비 전용면적이 전용률이 되기 때문이다. 쉽게 말해서 공급면적보다 계약면적이 크기 때문에 오피스텔은 아파트보다 전용율이 떨어지고, 반대로 아파트는 오피스텔보다 전용률이 높은 이유이다.

※ 발코니, 테라스, 베란다의 차이

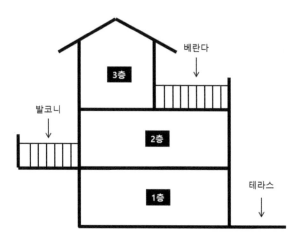

(5) 재건축 투자 시 주요 확인사항

재건축 투자를 위한 주요 체크사항

중요 순위	주요 항목	주요 체크사항 (단지 평가)		
		상	중	하
1위	사업진행 상황	사업시행인가~관리처분인가	조합설립	안전진단통과~추진위설립
2위	입지(역세권/학군/일자리/개발호재)	3개 이상	2개	1개 이하
3위	대지지분(대지면적/공급면적 비율)	90% 이상	70~90% 미만	70% 미만
4위	용적률	120% 이하	120~170% 이하	170% 아성
5위	용도지역	준주거지역,준공업지역	3종일반주거지역	주거지역
6위	주변 아파트 시세	평당 2,000 초과	평당 1,500~2,000 수준	평당 1,500 이하
7위	해당 아파트 시세 (추진위 구성단계, 32평 기준)	평당 1,600이상 (매매가 5억 초과)	평당 1,300~1,500 수준 (매매가 4억원 대)	평당 1,200 이하 (매매가 4억 이하)
8위	실투자비	5천~1억원 내외	1억 5천 내외	2억원 이상
9위	평형	단일 평형	2~3개 평형	5개 이상 평형
10위	세대수(기존)	1,000세대 내외	1,500세대 이상	500세대 이하

출처: 하베

압구정 재건축의 현황과 미래가치

※ 재건축 가치가 입지 〉 대지지분 아파트 단지의 투자가치(강남 3구, 이촌동)

입지가 좋은 아파트 단지(강남구, 서초구, 송파구, 용산구) 압구정 제외

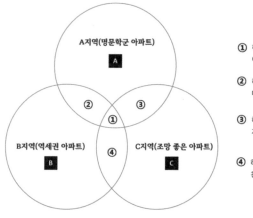

A지역(명문학군 아파트)
A

② ③
①
B지역(역세권 아파트) ④ **C지역(조망 좋은 아파트)**
B C

① 해당 아파트(학군+역세권+조망)
이선/반포1,2,4지구/신반포 3차/ 잠실5단지

② 해당 아파트(학군+역세권)
대치동 우선미/쌍용2차

③ 해당 아파트(학군+조망)
개포주공 2,3단지

④ 해당 아파트(역세권+조망)
청담 삼익/홍실/올선

출처: 하베

(6) 재건축 투자의 트렌드 변화

① 저층 아파트의 이해

1980년대 후반까지 지어진 주공아파트는 5층 규모로 건설

용적률이 낮고, 대지지분이 많아 재건축시 사업성이 좋음

② 2020년까지의 재건축

저층아파트 단지 중심

재건축 추진이 필요

용적률이 낮고, 대지지분이 많은 단지 중심으로 진행

대부분이 1980년대 중반 이전에 준공

과거 재건축 정책완화로 사업 여건이 좋음

③ 2020년 이후의 재건축

중, 고층 아파트 단지 중심

용적률이 높고, 대지지분이 많지 않은 단지 중심으로 진행

대부분 1980년대 후반-1990년대 초반 준공

현행 재건축 정책으로 사업추진이 쉽지 않음, 많은 추가분담이 예상

결국에는 용적률 완화나 종상향이 될 것으로 예상

④ 강남구 재건축 현황

서울시 강남구

	재건축 단지명	준공 시기	현 단계	총 세대수	건립 예정 세대수	시공사
압구정동	구현대 1, 2차	1976.06.	조합설립인가	960	5,800	
	구현대 3차	1976.11.	조합설립인가	432		
	구현대 4차	1977.05.	조합설립인가	170		
	구현대 5차	1977.12.	조합설립인가	224		
	구현대 6차	1978.01.	조합설립인가	728		
	구현대 7차	1979.05.	조합설립인가	560		
	현대 10차	1983.	조합설립인가	144		
	현대 13차	1984.07.	조합설립인가	234		
	현대 14차	1987.04.	조합설립인가	388		
	현대빌라트	1996.	조합설립인가	19		
	대림빌라트	1998.	조합설립인가	19		
	대림아크로빌	2004.02.	조합설립인가	56		
	신현대	1982.	조합설립인가	1,924	2,700	
	미성 1차	1982.07.	안전진단	322		
	미성 2차	1987.12.	안전진단	911		
	한양 1차	1977.12.	조합설립인가	936	1,540	
	한양 2차	1977.	조합설립인가	296		

　　　　　　　　　압구정 재건축의 현황과 미래가치

	한양 3차	1978.12.	조합설립인가	312		
	한양 4차	1978.12.	조합설립인가	286	1,790	
	한양 6차	1981.01.	조합설립인가	227		
	현대 8차	1981.04.	조합설립인가	515		
	한양 5차	1980.06.	안전진단	343		
	한양 7차	1981.06.	조합설립인가	239		삼성물산
	한양 8차	1984.04.	안전진단	90		
일원동	개포한신	1985.	사업시행인가	364	498	
청담동	삼익	1980.05.	착공	888	1,230	롯데건설
	진흥	1984.07.	안전진단	375	-	
개포동	경남	1984.03.	기본계획	678	-	
	우성 3차	1984.12.	기본계획	405	-	
	우성 6차	1987.11.	구역 지정	270		
	주공고층 5단지	1983.12.	조합설립인가	940	1,336	
	주공고층 6단지	1983.11.	조합설립인가	1,060	2,994	
	주공고층 7단지	1983.12.	조합설립인가	900		
	현대 1차	1984.04.	기본계획	416	823	
대치동	개포우성 1차	1983.12.	안전진단	690	-	
	개포우성 2차	1984.12.	안전진단	450	-	
	선경 1, 2차	1983.12.	안전진단	1,034	-	
	쌍용 1차	1983.03.	사업시행인가	630	1,155	
	쌍용 2차	1986.12.	사업시행인가	364	620	현대건설
	우성 1차	1984.01.	조합설립인가	476	712	
	은마	1979.07.	추진위	4,424	5,811	삼성물산, GS건설
	한보미도맨션 1차	1983.01.	안전진단	1,204	3,861	
	한보미도맨션 2차	1984.11.	안전진단	1,232	-	
도곡동	개포럭키	1986.01.	조합설립인가	128	157	포스코건설
	개포우성 4차	1985.12.	구역 지정	459	-	
	개포우성 5차	1986.	추진위	180	-	
	개포한신	1985.12.	조합설립인가	620	819	
	삼익	1983.06.	추진위	247	398	삼성물산
	상호	1984.01.	사업시행인가	144	308	삼성물산
삼성동	진흥	1984.07.	안전진단	255	-	
	홍실	1981.08.	착공	384	419	DL이앤씨

출처: 서울 부동산 절대원칙. 저자: 김학열

⑤ 재건축 조합원이 알아야 할 중요한 사항들

a. 입주권과 분양권

　입주권: 재건축, 재개발 조합원에게서 나온 권리

　분양권: 일반분양에 성공한 청약당첨자의 권리

　분양권 상한제 적용구역: 일반분양권은 소유권 이전 전매금지 및 거주 의무기간이 적용, 일반적으로 강남은 10년간 전매금지 및 2년간 거주의무기간

　입주권: 투기과열 지구에서 재당첨제한 규제 있음

b. 투기과열지구에서 조합원 지위양도제한

　재건축: 조합설립인가 이후

　재개발: 관리처분인가 이후

	재건축	재개발
근무상등	근무상, 생업상, 질병치료, 취학, 결혼으로 세대 전원이 타 시군으로 이전하는 경우	
상속주택으로의 이전	상속으로 취득한 주택으로 세대 전원이 이전하는 경우	
해외 이주	세대 전원이 해외 이주 및 2년 이상 체류하는 경우	
소유 및 거주	· 1세대 1주택자가 10년 이상 소유하고 5년 이상 거주한 경우 · 상속주택인 경우 피상속인의 소유 기간 및 거주 기간을 합산함 - 거주 기간은 주민등록표를 기준으로 하여, 소유자가 거주하지 않고 직계비존속이 거주한 경우도 합산함	

그 밖에 대통령령으로 정하는 경우	ⓐ 조합설립인가 이후 3년이 지나도 사업시행인가 신청을 못 한 재건축사업(예: 잠실주공 5단지) ⓑ 사업시행인가 이후 3년 동안 착공을 못한 재건축사업(예: 방배 3구역) ⓒ 착공일로부터 3년 이상 준공되지 않는 재건축·재개발 사업(단, ⓐ, ⓑ. ⓒ 모두 3년 이상 계속 소유하고 있던 사람에게만 전매 예외를 허용한다.) ⓓ 상속 이혼으로 소유한 경우 (2003년 12월 31일 이전 조합설립된 재건축지구) ⓔ 재건축사업의 토지가 경매 또는 공매가 된 경우 ⓕ 투기과열지구 지정 전 매매계약이나 30일 이내 부동산 거래 신고를 한 경우	ⓐ 투기과열지구 지정 전 매매계약이나 30일 이내 부동산 거래신고를 한 경우 ⓑ 2018년 1월 24일 이전 사업시행인가를 신청한 구역의 경우

출처: 대한민국 재건축재개발 지도 (정지영 저)

c. 투기과열지구에서 재당첨제한

이전 당첨(요건)	5년 內	재당첨 대상(효과)	
1)정비사업(재건축.재개발 지역) 일반분양		정비사업(재건축.재개발 지역) 일반분양	X
2)정비사업(재건축.재개발 지역) 일반분양		조합원분양	X
3) 조합원분양		정비사업(재건축.재개발 지역) 일반분양	X
4) 조합원분양		4) 조합원분양	X

출처: 대한민국 재건축재개발 지도 (정지영 저)

1) 정비사업 일반분양에 당첨된 세대에 속한 자는 5년간 정비사업 일반분양분 당첨에 제한
2) 정비사업 일반분양에 당첨된 세대에 속한 자는 5년간 2017년 10월 23일 이후 취득한 주택을 통합 조합원분양분 당첨에 제한
3) 조합원분양을 받은 자는 5년간 정비사업 일반분양분 당첨에 제한
4) 조합원분양을 받은 자는 2017년 10월 23일 이후 취득한 주택을 통해 조합원분양분 당첨에 제한

※ 조합원 지위양도제한 및 재당첨제한: 투기과열지구에만 해당하는 규제이다.

재건축과 재개발 모두 1가구 1주택자가 10년 이상 보유하고 5년 이상 거주한 경우 이는 투기의 목적이 아니라고 판단하여 전매 및 입주권 양도가 가능하다.

또한 질병, 학교, 직장 등의 이전으로 집을 팔아야 할 경우에도 역시 마찬가지다.

전매 거래로 입주권을 획득하고 싶은 사람이 가장 눈여겨봐야 할 조항은 재건축 지구 예외 상황 중 그 밖에 대통령령으로 정하는 경우이다.

재건축사업 과정에서 조합이 설립된 이후 3년이 되도록 사업시행인가를 신청하지 않았다거나ⓐ, 사업시행인가를 받았음에도 3년 이상 착공을 하지 못한 사업장의 경우ⓑ, 착공을 했음에도 3년 동안 준공이 되지 않았을 경우ⓒ에는 재건축사업이 원활하게 진행되고 있지 않다고 판단하여 전매 및 입주권 양도가 가능하다.

서울: 강남의 등장과
서울 부동산

1) 서울 아파트 역사와 시대별 비교

아파트의 정의는 5층 이상의 공동주택이다.

(1) 1960년대 아파트: 도시개발로 필요해서 건축

1957: 해방 이후 최초의 아파트인 종암아파트

1964: 계단실형 아파트인 마포아파트(사생활 침해 최소화)

1965: 중앙정원 적용의 고급 아파트인 동대문아파트

1967: 최초의 주상복합아파트인 세운상가아파트

1967: 최초 엘리베이터/필로티구조가 적용된 외인아파트인 힐탑아파트

(2) 1970년대 아파트

1970: 아파트 붕괴로 부실 아파트 대명사인 와우아파트

1971: 대단지 아파트로 최초 단지형 고층아파트인 여의도 시범아파트

1973: 최초 주공아파트로 대단지인 반포주공아파트

1976: 강남개발의 시작으로 대형 아파트건설, 고소득층아파트의 상징

인 압구정현대아파트

1981: 현대건설시공으로 강남개발의 주역인 개포주공아파트

(3) 1980년대 아파트

올림픽 유치로 올림픽선수촌, 아시아선수촌, 목동아파트 개발: 도시
내 주택부족해결

(4) 1990년대 아파트

서울 아파트는 더 이상 택지가 없어 정체

1기 신도시 아파트건설(1988년부터 조성)

(5) 2000년대 서울 아파트는 재건축의 시작

전국 주택 1600만 호 중 **강남 아파트 22만 호:** 80% 이상이 15년 이상 됨

강남 아파트는 공급이 지극히 제한됨

2000년대 들어서 대치, 도곡, 역삼 중심으로 재건축 시작

(6) 아파트시장 트렌드 변화

① 1980년대: 주택공급부족으로 1기 신도시 발표

② 1990년대: 5개 1기 신도시로 가격안정, 그러나 강남선호지역 상승

③ 2000년대 초반: 재건축으로 아파트 중심으로 상승, 버블 7지역 대
형 평형 가격 폭등

④ 2010년 이후: 정비사업 위주 재편/서울 공급부족

⑤ 반포재건축: 반포자이/반포 래미안 퍼스티지 단지가 다양한 커뮤
니티 설치 및 단지 내 자연적인 조경 조성으로 새로운 세대의 아파
트 단지를 형성하여 아파트 트렌드를 선도하였다.

⑥ 일반적인 아파트의 가치: 대지지분 및 가격이 가장 중요하고 건물
의 상품도 중요하지만 시간이 지나면 건물은 감가상각된다. 그러
나 최근 신축 아파트 경향은 자연환경(한강변)과 건물의 상품성 또
한 중요한 가격 결정요소이다.

(7) 신현대아파트의 최종가치

신현대아파트는 압구정 6개 구역 중에서 대지지분이 가장 많고 단지
사방이 한강 및 공원조망권 확보가 될 뿐 아니라 대지모양과 입지가 뛰
어나 미래가치를 크게 높일 조건을 갖추고 있다. 하지만 dA건축사무소
의 최종 설계안과 재건축 아파트를 건설하는 시공사 선정이 주거주택
상품질을 좌우하게 되어 이것이 결국 신현대아파트의 미래가치를 결정
할 것이다.

2) 강남의 등장과 서울 부동산

(1) 강남개발역사

1960년대부터 서울도 인구가 급속도로 유입되자(10년간 240만 명에서 550만 명), 강남개발은 필수였고 1966년 남서울 개발 계획을 통해 영동 지구 토지 구획 정리 사업을 시작으로 60만 명이 거주할 신시가지개발이 시작되었다.

1969년 12월 제3한강교(한남대교) 개통과 1970년 7월 경부고속도로 개통과 함께 본격적인 강남개발이 시작됐다. 그전까지는 강남은 단순히 영등포의 동쪽이라는 영동지역이라고 불려지고 서울 중심축과는 동떨어졌다. 그렇지만 토지구획정리 사업으로 계획도시의 틀을 잡고 강남 고속터미널 개설 및 지하철 2호선 개통으로 교통망을 완비하면서 공공기관 이전 및 명문학교 이전을 시켰고, 더불어 강남을 개발촉진지역으로 선정하면서 부동산 매매의 각종 세금(양도소득세, 국세, 취득세·등록세·재산세·도시계획세·면허세 등의 지방세)을 면제하면서 강남개발을 가속화했다. 그리고 한강변의 공유수면을 매립하여 대규모 아파트를 건설할 수 있는 거대한 택지를 조성하고 아파트지구로 지정해 아파트 이외에 다른 것을 짓지 못하게 하였다. 1975년, 한국 최고의 대학교인 서울대학교도 강남의 관악구로 이전시켰다. 개발 촉진 지구의 지정에 따라 강남개발은 급속히 진행되어 1973년 5.4만 명에 불과했던 인구가 1978년 21.7만 명으로 급증하였다. 강남 일대에 지정된 토지 구획 정리지구는 총 900만 평에 달하였으며, 이러한 토지구획정리사업 덕분에 강남은 점차 신도시의 모습으로 탈바꿈하였다. 반포·잠실·압구정·고덕·둔촌·개포·잠원지구 등 지금 강남권 재건축을 주도하고 있는 대규모 아파트 단지들이 모두 이 시기에 건설되었다. 이러한 강남의 대규모 아파트 단지들은 택지개발로 조성되어 주거단지의 쾌적성이 강북과 차별화되었다. 그리고 네모 반듯하게 정리된 도로망, 평지지형, 상업시설의 집중화, 버스·전철 등 대중교통망 확보 및 공공기관·명문학교 이전을 통해서 갖추어진 주거지로서의 편리성이 결국 강남 아파트에 대한 폭발적인 수요를 만들게 되었다.

또한 강북에 있던 기업들이 강남으로 대다수가 이전하였고, 삼성동 코엑스와 강남 테헤란로에는 초고층 사무빌딩들이 들어서며 현재 대한민국 최고의 업무지구로 발전했다.

(2) 강남이 명품 신도시로 탄생한 요인들

강남이 다른 지역과 다르게 명품 도시로 탄생할 수밖에 없는 요인을 확인하는 것은 다소 진부할 수 있지만 부동산투자관점에서 확인해야 할 기본적인 사항들이다.

첫째로 토지구획정리, 공유수면 매립 등으로 대규모택지개발 및 바둑

판형태의 도로망 설치.

둘째로 2호선 순환전철선·버스 등의 다양한 대중교통망의 확보.

셋째로 각종 공공기관, 학교 이전 및 적절한 상업시설 배치 및 집중화로 인한 주민생활기반의 존재.

넷째로 압구정, 무역센터 현대백화점, 뉴코아백화점, 삼풍백화점, 갤러리아백화점, 잠실롯데백화점 등의 고급 상업시설 개발.

다섯째로 대형택지개발로 인한 대규모 아파트 건설로 거주의 편의성의 향상 등이다.

이렇게 다섯 가지 요인으로 인한 교통망, 주거시설, 교육시설, 상업시설, 공공시설들이 강남을 강북의 대체제 이상으로 발전시키고 허허벌판에서 명품 도시로 바꾸게 하였고 이로 인해 강남에 대한 수요가 비약적으로 늘게 하여 명실상부 서울의 업무, 주거, 문화 중심으로 만들었다.

(3) 강남과 신도시 그리고 서울 부동산의 역학관계

1980년대 이후로 중산층 이상의 서울시민들은 강남의 대규모 아파트 단지 건설로 본격적으로 강남으로 이주하게 된다. 강남 성장의 배경은 기본적으로 서울로 몰려오는 인구들을 수용할 수 있는 부동산 시설의 부족으로 인한 것이다. 하지만 강남의 도시개발이 성공적으로 완성되자 서울에 오는 인구 수요층에 대한 추가 개발이 시작된다. 상계·중계동과 목동신시가지 및 과천시가 개발되었지만 1988년 이후로 한국경제의 급격한 성장은 서울 내의 부족한 택지문제로 서울 외곽지역을 개발하여 수도권으로 수요분산을 시도한 것이 1기 신도시개발이다. 분당, 일산,

평촌, 중동, 산본 등이 1기신도시의 대표적인 5개 지역으로 강남 같은 계획도시로 성공적인 개발을 하였다. 하지만 서울외곽지역으로의 주거단지의 확장은 거꾸로 강남의 차별성을 만들어 주었다. 강남은 시간이 지나면서 1기 신도시와 차별성과 더불어 서울 타 지역과도 확연히 구별되는 고급 도시로서의 위상을 보여 줬고 그 대표적인 것이 압구정동 현대아파트이다. 지금은 많이 퇴색했지만 압구정동 현대아파트는 과거 오랜 시간 동안 상류층이 거주한다는 프리미엄 아파트로 강남의 상징으로 알려졌다. 하지만 재건축이 완성된 이후에는 강남의 최고급 주거지로의 상징을 다시 되찾을 것으로 예상된다.

(4) 압구정 현대아파트 탄생과 역사

출처: 강남구청

압구정은 조선시대 대표적인 권신인 한명회가 말년을 보낸 정자로 압구정동 지명의 유래가 되었다. 성종 1481년에 헐린 압구정(狎鷗亭)정자는 현재 72동과 74동 사이에 비석만 남아 있다. 압구정동은 아파트 개발 이전에는 주변이 대부분 과수원과 채소밭이었다. 아파트 단지로 지정됐던 압구정동도 한강변 모래밭으로 현대건설이 경부고속도로를 공사하면서 외국에서 수입한 장비를 보관하기 위해 공유수면을 매립하여 확보해 두었던 땅이었다. 하지만 1969년 제3한강교(한남대교)가 개통되고 1970년 경부고속도로가 건설되면서 압구정 일대 땅값이 오르면서 이곳에 시공사인 현대건설 이름이 붙은 대규모 민영아파트인 압구정 현대아파트가 탄생한다.

압구정 현대아파트는 1976년 1차 입주를 시작하여 1987년 14차 입주로 완성된 현대산업개발에서 건설한 아파트 단지이다. 1, 2차 사업까지는 현대건설이 조성을 맡았고 3-14차는 현대산업개발이 사업을 주도하게 됐다. 1, 2차 단지가 입주했을 무렵에는 교통이 불편하고 기반시설이 부족해서 인기가 없었다. 그러나 강남개발이 본격화되면서 현대건설이라는 브랜드와 강남 아파트 열기를 타고 고소득 중산층들과 상류층들이 몰려들기 시작했다. 그 결과 7차 단지까지 입주가 끝난 압구정 현대는 엘리베이터와 수세식 화장실을 갖춘 고층 명품 아파트로 명성을 떨쳤다. 하지만 1977년에는 현대그룹 계열 직원에게 공급하기 위해 건립한 아파트를 사회 고위층에게 특혜 분양하는 불법행위로 세간에 많은 구설수에 올려졌다. 이 특혜분양 사건이 아이러니하게 압구정동 현대아파트가 상류층을 위한 고급 아파트라는 것을 서울시민에게 각인시킨 사건이었다. 이 사건은 한국의 고도성장의 흔적을 압축적으로 보여 줬다. 160m² 이상의 대형 아파트를 국내에 처음으로 선보인 이 아파트 이후 건설회사의 이름을 따른 아파트 이름이 유행처럼 늘어났다. 1980년대 후반에는 현대아파트를 중심으로 압구정동 고소득층 주거지에 커다란 주거생활적 변화의 물결이 일었다. 고소득층 아파트의 상징이 된 압구정동 현대아파트는 50여 년이 흐른 지금도 국내에서 가장 비싼 아파트 가운데 하나이고 압구정동은 대한민국에서 유일하게 아파트만 있는 법정동이다.

(5) 압구정 아파트 재건축과 강남 아파트의 미래가치

아파트 매매에는 거래 비용과 세금이 많이 들기 때문에 적어도 10년 이상은 보고 움직여야 한다. 입지는 크게 변하지 않지만 시간에 따라 강남 내에서도 아파트 서열이 지속적으로 변하고 있었음을 느끼게 된다. 그래서 반포, 압구정, 대치, 개포, 잠원동 등의 재건축 아파트 사업 추이에 따른 강남 아파트의 미래가치를 한번 예상하고자 한다.

압구정 신현대 35평형이 44억에 매매되면서 재건축 이후 입주하려면 10년 이상 더 남은 낡은 아파트가 평당 1.25억으로 상승하는 것은 미래의 자산가치에 대한 확고한 믿음이 주는 결과이다. 과연 이러한 믿음은 어디서 나오는 결과일까? 자동차로 1시간 정도 거리의 수도권 대규모 신축 단지들 역시 편리한 커뮤니티 시설과 개선된 아파트 평면으로 신축 아파트로서 주거의 쾌적성과 만족성이 매우 뛰어남에도 주택상품의 품질이 떨어지는 매우 낡은 압구정 아파트와 수 배 이상의 커다란 가격 차이가 나는 것은 무슨 이유일까?

무엇보다도 부동산에서 입지 가치란 것의 중요도가 부각되면서이다. 과거 1990년도만 해도 강북아파트 및 신도시아파트 가격이 크게 차이 나지 않았다. 오히려 수도권의 버스 노선과 지하철 노선의 신설·연장에 따른 대중교통망의 확장으로 서울 내의 오래된 아파트에서의 생활을 기피하는 현상까지 있었다. 그렇지만 대중교통망이 확충되었으면서도 수도권인구의 과밀 집중화는 출퇴근시간의 연장과 불편함을 부각시킨다. 한편 산업구조의 개편에 따라 제조업보다 IT, 금융, R&D, 문화서비스업 등의 사업들은 우수한 인력의 고용중요성을 부각시킨다. 더구나 오랜 시간에 걸쳐서 이루어지고 있는 강남지역의 상권과 기능의 확장은 점점 더 수요를 모이게 하고 있다. 그리고 2028년에 완공될 예정인 삼성동 GBC와 잠실 MICE 복합시설은 강남을 서울의 비즈니스·상업 및 문화의 중심지로 완전히 자리매김시킬 것이다. 앞으로 최소 30년 이상은 서울의 중심부 역할을 하게 될 것으로 예상된다. 이러한 변화에 따라 강남 핵심 위치의 부동산 입지의 가치는 대체재를 찾을 수 없는 상황으로 한정판 상품으로 바뀌게 되고 가치에 대한 평가는 더욱더 차별화되게 된다.

현재는 청담동과 한남동의 하이엔드 빌라/아파트가 이러한 역할을 하고 있다. 과연 강남 중심지아파트 가치는 어떻게 변할지 매우 궁금하다. 압구정 현대아파트 35평이 대체 재건축 후엔 가격이 얼마나 될까? 재건축하게 되면 추가분담금을 넣어야 할 텐데 저 정도 매수 가격으로 과연 미래에서 차익이 있는 것일까? 궁금해진다. 그렇지만 원베일리 한강뷰 35평대 아파트가 46억에 거래된 것이 압구정동 미래시세에 대한 실마리를 주고 있다. 이러한 시세는 사업기간이 많이 남은 한강변 재건축 아파트 시세를 이끌고 있다. 반포 재건축 아파트와 이어지는 신축 아파트 단지 건설은 입지의 우수성과 함께 주변 단지의 시세를 견인하고 있는 도미노 현상을 보여 주어 반포 신·구축 아파트의 시세를 지속적으로 상승시키는 현상을 오랜 기간 지속적으로 보여 주고 있다.

이런 면에서 압구정, 반포, 잠실 등이 앞으로도 재건축 이후 매매시세가 강남의 다른 지역에 비해 유리하다고 할 수 있다. 반포의 경우 반포래미안퍼스티지/반포자이(2009년 입주) 아크로리버파크(2016년 입주) 래미안원베일리(2023년 입주), 7년 간격으로 대규모 단지가 신축 입주를 했고 앞으로도 압도적인 규모의 단지인 반포주공 1단지가 신반포메이플자이, 반포주공 3단지 등과 4년 뒤 입주하고 마지막으로 가장 좋은 입지인 신반포 2차와 4차가 다시 시차 10년 후에 신축 입주를 하게 된다. 반포 재건축 아파트에서 특이할 포인트는 한강조망권이 있는 신축 아파트 시세의 강세와 더불어 단지구성이 잘되어 주거생활 쾌적성이 좋은 10년 정도 된 반포자이, 반포래미안퍼스티지 아파트의 매매가 강세이다. 이러한 현상은 신축 재건축에서 볼 수 없는 낮은 건폐율이 결정적인 역할을 하게 되어 추후 재건축 아파트 설계에서 많은 시사점을 준다.

압구정동 아파트는 반포와 다르게 모든 단지들이 한강변에 위치하고 있고 기본적으로 태생부터 고소득층을 위한 중대형 고급 단지로 시작됐다. 그리고 입지의 우월성 또한 비교 불가이다. 결국 압구정 아파트는 청담동, 한남동의 하이엔드 아파트와의 경쟁이 되어서 시세가치는 반포와는 다른 형태로 보일 것으로 예상한다. 그리고 오세훈 시장의 20-40 서울 개발 계획에서 가장 주목할 프로젝트는 그레이트 한강(한강 르네상스 시즌 2)이다. 세계적으로 대도시에서 한강처럼 크고 넓은 강은 보기 드물다. 그럼에도 불구하고 선진국대도시에 비교하면 한강변 개발은 매우 뒤떨어져 있는 상태이다. 한강변 올림픽도로를 달리다 보면 획일적인 성냥갑 같은 판상형 아파트만 보이는 것이 현실이다. 글로벌 도시로서의 경쟁력을 위해서 한강변 개발은 중요하고 시급한 상황이라고 할 수 있다.

　오세훈 서울시장은 현재 강남에 있는 도시기능의 중심을 용산으로 분산시키려는 서울균형 발전의 역할로 여의도, 용산 개발 계획에 전념하고 있지만 프로젝트의 거대성과 복잡성으로 단기간에 성과를 내기에는 어려워 보인다. 용산, 여의도 업무복합시설 개발이 완료되고 업무/상업 기능이 자리잡을 때까지 향후 30년간 서울이라는 도시는 GBC, 테헤란로, 강남역, 잠실역 등의 축으로 강남이 업무 중심부로서의 기능을 할 것으로 보인다. 이러한 업무지역의 집중화는 또다시 주거 지역으로서의 압구정의 입지 가치의 상승과 더불어 차별성을 보이기 시작했다고 생각된다. 압구정 재건축이 단순히 한강뷰 때문에 오른 것은 아니다. 한강뷰와 더불어 광화문, 여의도, 강남 서울 3대 업무지역 어디로든 빠르게 이동 가능한 곳이 압구정이고 앞으로 용산과 성수동이 업무·상업지역으로 개발되면 강 건너에 있는 압구정이 더욱 더 부각될 수밖에 없다. 그리고 청담동 명품 거리의 상권이 압구정 아파트 단지의 최고급화에 더욱 중요한 역할을 한다. 그리고 명품 상권은 한번 자리잡으면 그 명품 상권이 변하지 않는 것이 일반적인 사례이다. 이렇듯이 한강변, 3대 업무지역의 접근성, 명품 상권의 유지 등과 더불어 삼성동 GBC가 완공되고 잠실 MICE 단지가 개발이 되면 청담동, 잠실, 대치동이 수혜 지역이라고 할 수 있지만 압구정이 역시 최고급 주거배후단지로서의 역할을 할 것이다.

이렇듯 압구정동 아파트의 입지는 서울에서 다른 아파트가 따를 수 없는 가장 우월한 입지라는 것을 모든 부동산 전문가들에게 인정받고 있다. 하지만 입지여건만으로 미래가치가 가장 우수할 것이라는 것은 맞지 않다. 그 미래가치라는 것은 결국 재건축 진행 과정에서 들어가는 투자비용에서 그 최종가치가 얼마나 상승하는가의 문제이다. 결론적으로 비싼 땅값과 최고의 입지여건에서 재건축 아파트의 가치가 최고가 되려면 ① 기본적으로 프라이버시가 보장된 단지설계와 ② 대형 평형대 구성, ③ 규모 있고 다양한 커뮤니티 시설의 고급화 및 ④ 자연친화적인 조경 조성 등의 차별화가 중요하다. ⑤ 더불어 아파트시공에 관여하는 건설사의 시공품질 또한 중요하다. ⑥ 마지막으로 이러한 복합적인 요인들이 결합하여 상위 자산가들이 선택하고 살고 싶어 하는 주거상품을 만들어야 한다. 압구정 재건축 아파트의 미래가치를 예측한다는 것은 아직 섣부르지만 프랑스 건축가 도미니크 페로, 미국 조경가인 피터 워커 등과 협업설계를 한 dA건축사무소의 당선을 바탕으로 신현대아파트 가치에 대해 알아보겠다.

dA건축사무소의 당선 설계안은 국내 아파트 단지 사상 볼 수 없었던 파격적인 단지 배치안과 중앙정원의 조성으로 압구정 전체 아파트 단지의 설계안에 커다란 영향을 미쳤다. 그리고 3, 4, 5구역 역시 2구역 신현대 설계안을 많이 참고한 설계안들이 보여지고 있어 압구정 아파트의 선두주자의 역할을 하고 있다. 한마디로 프라이버시와 한강조망/정원

압구정 재건축의 현황과 미래가치

조망을 한꺼번에 해결한 차별적이고 고급스러운 단지 배치를 구현한 설계안은 많은 부동산 전문가들에게 호평을 받았고 이 설계안대로 재건축 아파트가 완성되면 청담동, 한남동의 하이엔드 아파트보다 가격이 높아질 것으로 예상했다. 그 이유로는 단지의 주거편리성, 압도적인 커뮤니티 시설, 입지의 우수성 및 상품의 고급성이 비교가 안 될 것이라는 것이었다. 여태까지 없던 새로운 주거상품으로 탄생할 것으로 생각한다. 그 중에서도 하이엔드 아파트 수요층인 상위 자산가들의 가장 기본적인 요구사항인 프라이버시 및 한강조망권이 유지되는 것이 가장 중요하다고 조언하였다.

그러면 구체적으로 압구정 신현대아파트를 대상으로 그 미래가치에 대해서 살펴보겠다.

먼저 신현대아파트 미래가격 예측과 그 근거를 보겠다.

· 2015년 청담동 빌라와 압구정동 아파트 가격은 다음과 같다.
  - 이니그마빌: 35억(74평), 청담빌라: 35억(74평), 상지카일룸 2차: 57억(15층)
  - 한양아파트 81동 69평: 27억, 신현대아파트 61평: 24억
· 2022년: 청담동 PH129 140억(16층, 160억(250억))/pent 250억(현재 400억 가치)/장학파르크: 140억(150-180억)
· 2023-2025년: 에테르노청담 기준층 150억 pent 300억/청담워너원 기준층 150억 pent 350억
· 2025-2027년: 서초동 마제스힐 기준층 150억 pent 500억/더펠리스

73 25층 245억(74평 → 120평), pent 400억

현재 신축 하이엔드 아파트는 2025-2027년 입주 시에 평당 분양가 2.7억-3억(전용기준)으로 예측하고 있고 이에 따라서 신현대 신축 재건축 70평(전용 60평): 160억-180억 예상(평당 2.7억-3억 기준)한다. 그리고 펜트하우스 전용 84평(실제 120-150평): 360억-450억 예상한다. 그 이유는 청담동 하이엔드 빌라/아파트보다 단지의 편리성과 커뮤니티의 규모가 훨씬 좋다는 청담동 고급 빌라 전문 중개사들의 평가 때문이다.

압구정 아파트의 미래가치 상승 이유를 정리해 보자.

청담동/성수동 지가 상승 이유는 다음과 같다.

① 청담동: 하이엔드 아파트/오피스텔 고분양가 및 분양 성공으로 수익성 확보.
② 성수동: 지식산업센터의 고액 분양 성공으로 시행사가 토지매입으로 지가 상승 견인.
③ 압구정동 로데오거리의 건물 가격 상승.
④ 2020년(평당 1억) → 2023년(평당 2억)으로 지가 상승.
⑤ 압구정동 APT의 재건축 기대감과 고급 상권의 귀환(특히 고급 음식점의 종착지가 됨).

〈압구정동 현대, 한양아파트의 가격 상승의 요인〉
① 국내 최고의 입지: 비교 불가임(한강변, 사통팔달의 교통망).

② 명품 상권의 존재 및 주변 상권의 고급화 와 차별화 가속.

③ 서울 중심이 삼성동으로 변화함으로 거주지로서의 차별성이 특화됨.

④ 청담동, 한남동 하이엔드 빌라, 아파트 분양가, 매매가의 급격한 상승.

⑤ 압구정 로데오, 청담동 및 성수동 등의 지가 상승.

3) 강남구 및 인접 구 주요 동 평가

(1) 압구정동

출처: 강남구청

한명회의 정자로 유래가 된 압구정동은 조선 시대에는 경기도 광주군 언주면 압구정리로 속했다. 1921년 지도에 압구정리로 표시된 지역을 살펴보면, 압구정이 있던 곳 앞에 또 하나의 언덕이 있었으며 수해로부터 안전한 구릉지였음을 의미하고 그곳에도 마을이 형성되어 있었던 곳임을 알 수 있다. 또한 압구정동편으로 작은 개천이 2개 보인다. 이 물길은 압구정동의 동남 측에 있었던 청담리가 위치한 언덕 서쪽에서 발원한 물길이 한강으로 흘러 들어가며 형성된 곳이다.

서울의 영역 밖이었던 압구정일대가 서울에 편입된 것은 1963년 1월 1일 서울시 성동구로 편입되면서다. 1975년 강남구가 신설되면서 이에 속하게 되었다. 압구정동은 아파트 개발 이전에는 주변이 대부분 과수원과 채소밭이었다. 아파트 단지로 지정됐던 압구정동도 한강변 모래밭으로 현대건설이 경부고속도로를 공사하면서 외국에서 수입한 장비를 보관하기 위해 공유수면을 매립하여 확보해 두었던 땅이었다.

압구정동의 변화는 강남개발과 함께 시작되었다. 압구정의 첫 번째 변화는 한강변에 건설된 강변도로에서 시작되었다. 강남을 개발하기 위해서는 매년 반복되는 홍수 피해를 막는 것이 필요했고, 이는 곧 한강변 제방 건설로 이어졌다. 홍수피해를 막기 위해 건설된 제방 위에 건설된 도로가 강변도로였다. 1971년 8월 15일에 개통된 제1한강교에서 압구정동에 이르는 강변 5로와 압구정동에서 천호동에 이르는 강변 6로 구간이 건설되면서 해마다 반복되던 강남의 홍수 피해가 사라지고 영동지구개발이 촉진되었다. 이때 압구정이 위치했던 구릉이 사라지고, 저습지는 매립되고, 제방 안쪽에 위치한 공유수면도 매립되었다. 1968년 현대건설에서 52,920평에 대한 매립 허가를 받았고, 이 부지에 오늘날 강남 아파트의 대명사가 된 압구정동 현대아파트 단지가 건설되었다.

이 과정에서 많은 토석이 필요했고, 인근에서 토석을 확보하기 위해 주변의 언덕을 깎았고, 압구정동 건너편에서 중량천이 한강으로 합류하는 곳에 위치했던 저자도가 파헤쳐져 압구정동 매립공사에 사용되었다. 영동대교에서 성수대교와 한남대교에 이르는 지역이 오늘과 같은 강남을 대표하는 아파트 단지로 구성된 것은 1976년 서울시가 강남 지역에 대한 토지투기를 막고 아파트 건축을 장려하기 위해 이 지역 50만 평을 아파트만 지을 수 있는 아파트지구로 지정하면서부터이다.

압구정동은 압구정 미성, 현대, 한양아파트 단지 및 단지 도로 건너 신사동을 통칭한다. 기본적으로 압구정 아파트 단지는 법정동으로 압구정동이고 길 건너는 법정동으로 신사동이다. 하지만 미성, 신현대아파트와 길 건너 가로수길 상권은 행정동으로 신사동으로 분류하고 구현대, 한양아파트와 길 건너 로데오 상권을 행정동으로 압구정동으로 분류한다.

출처: 네이버 지도

압구정 재건축의 현황과 미래가치

압구정동은 이른바 '강남구의 강남'이고 '압구정 살아요'라는 한마디로 모든 것이 설명되는 곳이다. 압구정동의 대표 건물로는 아마 압구정 현대아파트를 많이 떠올릴 것이다. 압구정동의 특징은 기본적으로 택지지구 및 아파트지구로 구성되어 있어서 아주 깔끔하게 잘 정비된 아파트만이 즐비하고, 뒤로는 한강, 앞으로는 강남의 명품, 핫플의 상권가를 누릴 수 있어서 굉장히 쾌적하다고 할 수 있다. 한강 바로 앞에 있는 압구정현대와 압구정한양아파트는 오랜 기간 동안 강남구에서 가장 비싼 아파트이고 압구정현대는 30평대-80평대로 중대형 평형으로 구성되어 전통적으로 상류층 주거지로 알려져 있다. 정말 겉모습만 봐서는 낙후의 끝판왕인 압구정 아파트는 상류층 아파트인지 의심스럽지만 대부분 내부인테리어를 다시 공사하여 거주하고 있다. 압구정동 위치는 정말 중심의 중심이었고, 동 간 거리도 굉장히 넓으며 한강이 북쪽인 거실뷰를 가지면서 한강공원 접근 성이 너무 편리한 곳이다.

압구정동에서 강남역까지는 버스와 지하철, 차로 모두 20분 안에 갈 수 있다. 그리고 미래의 강남업무중심지인 삼성동과 멀지 않은 거리이고 대중교통망의 접근성도 좋다. 압구정한양과 압구정현대 중 압구정현대가 더 나아 보이는 이유는 아무래도 초, 중, 고를 다 끼고 있기 때문이다. 단지 안에 압구정초등학교부터 고등학교까지 다 있어서 굉장히 편리하게 학교를 보낼 수 있다. 특히 초등학교의 경우에도 딱 압구정현대아파트에서만 갈 수 있다는 것이 굉장한 장점이다. 아파트는 그렇다 치는데 주차와 상가시설은 낙후되었지만 한살림, 올가, 자연드림, 오아시스마켓 등 퀄리티 있고 유기농식품만 주로 파는 마켓들의 오프라인 매

장이 아파트 상가마다 있고 놀랍게도 신사시장이 압구정현대백화점 못
지않은 고급 제품을 파는 것은 입주민만 아는 사실이다.

가로수길상권, 압구정로데오거리, 청담동 명품 상권 등과 압구정갤러
리아백화점과 압구정현대백화점 같은 최고급 백화점 2개가 같은 생활
권에 위치해 있어서 그 편리함은 단순 핫플·슬세권의 입지를 뛰어넘는
다. 서울의 대표적인 명품 상권인 곳과 더불어 설명이 필요 없는 여러 상
권도 같이 형성되어 있다. 특히 주변 청담동에는 명품 거리·패션거리라
고 해서 명품 회사들이 마치 뉴욕 5번가 거리를 연상하듯 모여 있고, 압
구정로데오거리는 상권의 중심으로 많은 상점들이 모여 있다. 아파트
단지 뒤로는 한강이랑 붙어 있어 천혜의 자연환경도 누릴 수 있고, 주거
지역으로 들어가면 조용하고 깔끔하게 잘 정비되어 있어 만족스러운 생
활주거환경을 제공한다.

압구정동 미성 1, 2차 아파트는 인근 현대, 한양아파트와 달리 신축 아
파트 같은 느낌이 들면서 근처에 압구정상권과 가로수길상권을 동시에
누릴 수 있고, 단지 중앙의 2개의 상가가 비교적 쾌적하게 구성이 되어
있다. 초등학교는 길 건너 신구초등학교를 가는데, 신사중학교와 현대
고등학교까지 아파트 안에 위치하고 있어서 이 또한 굉장히 편리하다.

(2) 청담동과 명품 상권

이름만으로도 고급스러운 청담동은 명품 거리라는 것과 최고급 주거
지의 집합소라는 연상이 들 정도로 청담동 명품 거리에는 수많은 명품
회사들의 굉장히 멋지고 화려한 오프라인 매장이 있고 가격이 넘사벽인

최고급 하이엔드 빌라와 아파트가 위치해 있다. 그리고 수많은 고급 음식점과 엔터회사, 미용 및 뷰티샵들이 곳곳에 자리잡아 한마디로 대한민국 최고급 브랜드의 끝판왕이다.

청담동은 기본적으로 청담 4거리를 중심으로 다섯 구역으로 분류할 수 있는데 그 구역마다의 특징은 전혀 다르다. 하지만 여기에서는 찐 청담동인 1, 2구역만 다루기로 하겠다.

출처: 네이버 지도

1구역은 기본적으로 청담동 상권의 중심가이다. 압구정 갤러리아백화점에서 청담 4거리까지 도로변에 해외명품샵들이 자리잡고 있어 고급 상권의 끝판왕임을 보여 주고 있고 그 이면도로에도 곳곳에 편집명품샵이 자리잡고 있다. 도산대로변 이면도로에는 보메청담과 스케쥴청담이라는 현재 최고의 핫플 식당이 자리잡고 청담동 1구역 이면도로 구석구

석에 고급 레스토랑과 뷰티샵, 미용샵, 고급 카페들이 있으면서 일반인들에게는 잘 알려져 있지 않은 소수들만 출입하는 식당과 바들도 다수 자리잡고 있다. 그리고 1구역 중심부에는 이니그마빌이라는 한때 청담동에서 가장 비싼 고급 빌라가 자리잡고 있고 그 옆에 있는 오래된 효성빌라, 청담빌라는 재건축을 바라보고 있어 추후에 가장 비싼 하이엔드급 아파트로 변신할 것으로 예상된다. 더 이상 설명이 필요 없는 청담동 중에서 청담동인 곳이다.

1구역에서 압구정로를 건너면 2구역으로 분류되는데 이곳은 한강변을 둘러싸고 언덕에는 최고급 빌라와 낡은 아파트 그리고 중심가 아래로는 오래된 서민빌라들이 혼재된 지역이다. 갤러리아 동관백화점에서 청담 4거리까지 도로변에 해외명품샵들이 자리잡고 있고 바로 이면 도로에 중소형건물들이 고급 상권을 표방하면서 위치해 있다. 단지 중앙언덕에는 오래된 고급 빌라와 최신 신축 고급 빌라가 혼재하며 언덕 아래로 새벽집 쪽으로는 오래된 서민빌라가 위치하고 또다시 한강변으로는 최고급 빌라와 오래된 아파트가 있다. 상당히 청담동스러우면서도 비청담동스러운 이미지가 있고 과거에는 많은 연예기획사와 뷰티샵들이 있었다. 근처에 초·중·고가 멀고 지하철역이 없는 교통의 사각지대이지만 한적한 주거의 느낌을 청담동 주민들은 선호하고 있다. 한강변 오래된 빌라와 아파트들은 결국에는 최고급 하이엔드 아파트로 변신할 것으로 예상된다. 주거지로서의 가치는 한강조망권과 한강공원의 접근성으로 그 선호도가 높아지고 있고 대중교통 접근성이 떨어져 프라이버시를 중요하게 생각하는 상위 자산가들에게 선호하는 주거지로 변화하고 있다. 참고로 청담동은 한강을 끼고 맑은 호수가 있던 데서 유래했

다. 맑은 못을 끼고 있던 마을로 청수골이라는 이름도 가졌다고 한다

(3) 삼성동과 GTX

삼성동은 우리나라 업무시설로는 단언컨대 최고 지역으로, 각 분야에서 내로라하는 쟁쟁한 회사와 업체들이 많다. 우선 국제회의와 전시가 많은 코엑스와 무역센터 아셈타워가 있다. SM타운도 들어와 있고, 인터컨티넨탈호텔과 오크우드호텔 등 고급 호텔과 무역센터 현대백화점이 있다. 곧 대한민국 최고의 비싼 땅이 될 현대자동차그룹의 글로벌비즈니스센터 완공(2028년 예정)과 잠실 MICE 콤플렉스 조성은 대한민국 업무중심지로 우뚝 서게 될 것이다. 물론 그 변화를 단기간에 느끼지는 못하겠지만 결국 서울의 중심이 강남으로 바뀌는 것을 선언하게 되는 것이다.

출처: 네이버 지도

지하철 삼성역부터 강남역까지 테헤란로를 중심으로 하는 가로축과 신사역부터 양재역까지 강남대로를 중심으로 하는 세로축이 강남의 업무지역을 대표한다고 해도 과언이 아니다. 앞으로 글로벌비즈니스센터 개발이 삼성동의 미래를 완전히 바꿔놓을 것이고 지금도 업무지구로 최고, 최대의 지역이지만 아마 준공 시점에 동쪽은 잠실역까지, 서쪽으로는 이수역까지 연장되면 GTX(수도권광역급행철도) 삼성역 개통 시점과 더불어 명실공히 대한민국 최고 입지가 되어 있을 것이다. 9호선/2호선/수인분당선/위례신사선, 2개 GTX 노선 및 KTX·SRT까지 무려 철도 노선이 9개나 지나가게 될 것이다. 게다가 삼성동에는 모두가 선망했던 유명한 경기고등학교가 위치해 있고 근처 삼성역 한 블럭 남쪽으로 강남 학부모가 최고 선호하는 휘문고가 자리잡고 있다. 지하철 9호선 봉은사역과 7호선 청담역 사이에 있는 삼성아이파크는 코엑스, 청담근린공원, 한강둔치, 탄천이 모두 가까이에 있어서 너무나 살기 좋은 곳이다. 특히 영동대로 및 학동로 등의 주요 도로가 가깝고 올림픽대로, 강벽북로 이용도 편리해서 정말 너무나 입지가 좋은 곳이다.

4) 명품 주거지와 입지

먼저 명품 주거지의 의미를 알아보자. 명품이란 기본적으로 부유층과 셀럽들이 선호하는 값비싸고 흔하지 않은 고급 브랜드의 상품을 말한다. 부동산에서는 명품 주거지를 기업, 교통, 환경, 문화, 교육 기능들이 갖추어져 있는 곳을 말한다. 더불어 상위 자산가들이 선호하는 고급 브랜드 가치가 있어야 하는 곳이다. 이러한 브랜드가치는 매우 추상적이지만 한편으로는 상징적인 것이다. 많은 상위 자산가들이 다른 주거지보다 가치가 높다고 생각하고 살고 싶은 곳이어야 한다.

그러면 구체적인 명품 주거지 조건에 대해서 살펴보자.

첫째로 주거생활의 인프라가 완비되어야 한다. 주거지 주변에 교통망, 학교와 학원, 기업 등이 확보되는 것이 가장 기본적인 것이다.

둘째로 명문학교와 학원이 필요하다. 특히 대치동의 명문학원으로 인한 입지조건은 대한민국에서 타 지역과는 비교할 수 없는 특별한 입지를 갖게 한다. 즉 전국의 최상위권 수험생들을 주말에 모이게 한 결과 주택수요의 큰 역할을 하여 대치동 아파트의 가치를 상승시켰다.

셋째 자연환경이다. 최근에는 한강조망권과 한강공원의 접근성과 더불어 주거지 주변에 선호할 수 있는 공원 등의 숲세권이 필요하다.

넷째로 상위 자산가들의 선택이 필요하다. 이들이 선택을 해야 진정한 의미의 명품 주거지가 탄생한다. 그리고 강남권의 핵심지역이거나 강남권으로의 접근성 여부가 매우 중요하다.

청담동 부동산에서 전해진 에피소드를 들으면 더욱 명확하다. 모 유명 여배우는 청담동의 건물을 살 때에 반드시 주소지가 청담동이어야 한다는 조건이 있었다고 하고, 갑자기 회사의 시가총액이 커져 재벌급으로 올라간 중견그룹의 사모님은 청담동 건물을 반드시 사고자 부동산을 방문했다고 한다. 또한 모 그룹 회장 사모님은 청담동 빌라가 그동안 살아왔던 주거시설 중에 가장 주거환경이 편하다고 했다는 일화가 있다.

단순히 교육여건과 직장근접성으로만 명품 주거지가 형성되는 것이 아니라 상위 자산가의 집중화가 중요한 여건이다. 현재 강남에서 이러한 입지는 청담동과 압구정동으로 압축된다. 그리고 한남동 일부 지역이 있다. 압구정동은 현대아파트 탄생부터 상류층 주거단지로 수십 년간 명성을 유지하고 있었고 단지가 노후화되면서 청담동의 신축 고급 빌라와 한남동(+유엔 빌리지)의 신축 주거단지로의 선택이 선호되었다. 이러한 경향은 압구정 아파트의 재건축이 완성될 때는 압구정동으로 주거지가 바뀔 것으로 전망한다.

5) 아파트/주택 상품으로서 분석

(1) 상품의 차별화

1등이 시장 장악, 2등 현상 유지, 3등 이하 도태된다.

: 그 상품이 속한 범주 내에서 최고 또는 최대

또는 최초 또는 유일한 상품으로 입지를 선점.

: 최고의 품질의 주거공간 → 시장 장악

명소:

① 공간의 콘셉트와 포지셔닝이 명확: → 가장 좋거나 최초이거나

② 미디어에 잘 포장 → 사진이 잘 찍히는 공간 → 멋진 조망/로비/공간

③ Story telling: 상류층 주거단지

④ Brand화: 우수설계/시공품질, 표준화한 유통

(2) 상품의 변화

부동산시장의 변화를 확인하고 미래시장의 흐름을 예측해야 한다.

① 아파트는 상업시설과 주거편의성을 구성(전세 → 월세로 전환 주

택이 돈을 내고 주거서비스를 제공하는 상품) → 서비스업이 부동
산의 본질이다.

② 커다란 경제 규모와 높은 소득 → 경제성장, 고도화, 소득증가는 높
은 퀄리티 주택/질적 성장을 원한다.

③ 인구와 가구 구조의 변화 1인 가구 1990년(9%) → 2035년(34.3%),
4인 가구에서 → 1인 가구로 변화.

④ 외국인 증가 → 관광객/투자가가 수요가 된다.

6) 아파트시장의 트렌드 변화

(1) 아파트 커뮤니티 시설/비교

① 반포래미안퍼스티지(0.77평/세대당)

- 선큰으로 구성, 시설이 집중됨
- 스포츠시설 1,000평(피트니스, 골프장, 수영장, 사우나)
- 독서설 100평
- 골프시설/20면/스크린 3면
- 수영장 20m/3레인
- 게스트하우스

② 아크로리버파크(1.46평/세대당)

  시설이 분산되어 이용이 불편할 수도 있음
- 수영장 25m/3레인
- 스카이라운지
- 게스트하우스 6개
- 티 하우스/주민라운지

- 비즈니스 룸/코인세탁실

- AV룸/노래방/음악연습실

- 어린이집/키즈카페/놀이방

- 경로당/독서실/도서관

- 피트니스/실내골프장/사우나

③ 신반포메이플자이(1.59평/세대, 총 5,261평, 3,307세대)

두 군데로 분산

- 주민공동시설 1: 747평

  홀, 스튜디오, 공유오피스, 코인세탁실, 독서실, 도서관, 관리사무소,

  회의실, 용역원실

- 부대복리 1: 781평(아너스클럽, 어린이집, 티하우스, 경비실)

- 주민공동시설 2: 3280평

  웰컴라운지, 가족시네마, 코인세탁실, 실내놀이터, 연회장, 주방, 게

  스트하우스, 공유주방, 독서실, 피트니스, 실내체육관, 스쿼시, 플레

  이존, 골프연습장, 스크린스포츠, 사우나, 수영장

- 스카이커뮤니티: 223평(클럽크라우드)

- 부대복리 2: 230평(어린이집, 티하우스, 경비실)

(2) 커뮤니티 시설비교

구분	반포래미안퍼스티지	대치래미안팰리스	아크로리버파크
세대수	2,444	1,608	1,612
입주년월	2009.06.	2015.09.	2016.09.
면적	1,890평(0.77평/세대)	1,863평(1.16평/세대)	2,349평(1.46평/세대)
개별방식	시공사 주도	시공사주도	조합주도

배치	집약	집약	스포츠집약/ 커뮤니티분산
Grade	★★★★	★★★	★★★★★
스포츠 체련장	1개소	1개소	1개소
스포츠 GX룸	1개소	1개소	1개소
스포츠 필라테스	X	X	1개소
스포츠 골프연습장	23타석(스크린 3)	19타석(스크린 1)	15타석(스크린 2)
스포츠 수영장	25m/3개 라인	25m/3개 라인	25m/3개 라인
스포츠 사우나	1개소	1개소	1개소
스포츠 탁구장	X	X	4개 테이블
커뮤니티 도서관	1개소	1개소	2개소(SKY)
커뮤니티 독서실	178석	200석	105석
커뮤니티 티하우스	2개소	1개소	2개소
커뮤니티 키즈카페	1개소	1개소	1개소
커뮤니티 어린이집	157명(민간)	100명(민간)	210명(구립)
커뮤니티 게스트룸	X	2실	6실
커뮤니티 연회장	1개소	1개소	1개소(SKY)
커뮤니티 주민회의실	X	3개소	3개소
커뮤니티 주민라운지	O	X	O(4개소)
커뮤니티 코인세탁실	X	1개소	4개소
커뮤니티 음악연습실	X	X	1개소
커뮤니티 노래방	X	X	2개소
커뮤니티 실버케어센터	X	X	1개소
커뮤니티 과외, 동호회 모임방	X	X	5개소
커뮤니티 LED수경재배	X	X	1개소
기타 그린테라스	X	X	11개소
기타 기사대기실	X	X	2개소
기타 용역원휴게실	O	O	2개소
기타 옥상텃밭	X	X	1,005개소(0.4평/세대)
기타 지하세대창고	X	O	세대당 1개 제공
특화사항	구름카페	야외 테니스 코트	스카이라운지(30, 31층) 하늘도서관(21, 22층) 수영장 바데풀, 유아풀 골프: 스크린, GDR 설치 야외 체련장(크로스핏)

⑶ 아파트 조경 트렌드

① 아파트 조경의 의미

숲과 공원 등을 품은 아파트를 선호하는 현상이 뚜렷해지고 있기 때문에 각 건설사 조경 설계 중점화 경쟁이 심화되고 있다. 최근 어느 연구소의 2025년 미래주택시장 트렌드 보고서를 보면 수요자들이 주택을 구매할 때 1순위로 고려하는 것이 쾌적한 주거환경(33%)인 것으로 나타났다. 교통(24%)과 교육환경(11%)보다 높았다. 아파트 단지조경이 아파트의 상품가치와 주거가치를 높이는 중요한 요소가 됐다.

또한 코로나19가 생활과 사회활동의 많은 부분을 변화시키면서 아파트 단지 안에서 이뤄지는 일상생활의 질을 더욱 중요하게 여기게 됐다. 또 운동과 휴식 등 다양한 여가생활에 관한 수요가 늘고 반려동물을 키우는 가구가 많아진 점도 산책로를 비롯한 다양한 조경 특화설계 부분을 필요로 하고 있다. 미세먼지 등 기후환경의 변화로 녹지공간에 관한 요구도 커지고 있다. 조경공간에서 원하는 활동도 산책에 더해 운동, 휴식 등으로 다양해졌다.

② 최근 조경 트렌드

코로나 19 확산으로 인해 사회적 거리 두기를 유지하면서 더 사적이고 더 소규모를 위한 공간으로 변화하고 있다. 공공의 성격이 강하고 넓은 공간을 차지하던 공원 같은 조경에서 프라이빗한 정원 형태의 공간으로 변하고 있다. 그리고 최근 아파트 조경은 자연과 호흡할 수 있도록 하면서 리조트나 호텔 같은 편안하면서도 고급스러운 조경이 점차 트렌드로 자리매김하고 있다.

조경 아이템도 바뀌기 시작했다. 벤치 소재가 목재 등 한국적인 소재에서 철재, 라탄(등나무) 소재 등으로 변한 게 대표적이다. 이전에는 벤치, 테이블 등 가구들을 움직이지 못하도록 고정시켰다면, 이제는 이용자들이 필요에 따라 가구의 위치를 바꿀 수 있도록 별도의 고정 작업을 하지 않는다. 조경 트렌드도 지역에 따라 다르다. 유행의 중심인 서울은 자연적 환경을 느끼고 관찰하는 조경을 선호하고 지방에서는 활동적인 체험형 조경이 인기다.

다양한 요소들이 조경에 필요하지만 이 중 가장 중요한 요소는 조경의 중심을 잡아 주는 수목의 배식이라고 생각한다. 조경은 적재적소에 배치되는 수목과 초화류, 어린이 놀이터나 수경시설 등의 시설물들이 어우러져 완성된다. 모든 요소들이 조화를 잘 이루기 위해 나무 한 주를 심더라도 어떻게 배식할 것인지, 놀이터와 운동시설 등을 계획할 때는 세대 간의 사생활 침해 문제는 없는지 등을 고려해야 한다.

③ 건설사별 조경 방향

삼성물산의 강남구 개포 래미안포레스트, 서초구 반포 래미안퍼스티지 단지는 각각 조경률이 46%, 41% 수준을 자랑한다. 이는 서울 아파트 단지 평균 조경률 20% 수준을 훌쩍 뛰어넘는다. 삼성물산 건설부문은 최근 현재 공사 중인 래미안 원베일리 단지에 적용한 새로운 조경상품 '네이처 갤러리'를 공개했다. 이번 조경상품은 동별 특화 조경인 필로티 가든을 비롯해 소규모 활동을 위한 공간을 군데군데 배치하는 것이 특징이다. 삼성물산은 1963년부터 리조트부문에서 조경사업을 시작했다.

테마파크 에버랜드를 조성한 경험을 바탕으로 아파트 조경시장에서도 인기를 얻고 있다. 국내 아파트시장에서는 '에버랜드 조경팀이 우리 아파트 단지 조경을 했다'는 것 자체가 단지 가치를 높여주는 한 요소가 되기도 한다는 평가를 받는다.

GS건설이 분양한 경기 고양시 일산자이 2차도 조경률이 42%에 이른다. 일산자이 2차 조경설계에는 조경설계 분야에서 세계적으로 유명한 니얼 커크우드 하버드대학 교수가 참여해 화제가 되기도 했다. GS건설은 자이라는 아파트 브랜드를 출시한 이후, '숲'이라는 정체성을 바탕으로 조경을 계획했다. 여기서 말하는 숲이란 초화류, 관목 등 다양한 수종을 활용한 다층식재를 의미한다. 숲에 있는 길을 생각해 보면 이해가 쉽다. 사람이 숲속의 길을 걷다 보면, 발걸음 가까이로 예쁘게 핀 꽃을 볼 수 있다. 그 뒤로는 키가 작은 관목이 있고, 높이가 2-3m 되는 중교목이 차례대로 심어져 있다. 이를 아파트 단지 조경으로 가져왔다. 다층식재를 구현하는 데 더해 각 식물의 생장시기를 고려한 설계를 했다. 1년을 일곱 개의 계절로 쪼개서 식물을 배치했다. 1년은 4계절로 이뤄졌지만, 같은 봄이라도 초봄과 늦봄에 볼 수 있는 식물이 다르다. 1년을 7계절로 쪼개면서 조경만으로도 계절의 변화를 느끼게 한다.

현대건설도 하이엔드 브랜드 디에이치 단지들의 조경시설과 디자인 고급화에 힘을 쏟고 있다. 현대건설은 최근 롯데건설과 컨소시엄으로 나선 서울 강동구 선사현대아파트 리모델링 수주전에서도 한강 광나루 공원과 연결되는 3.3km 산책로와 6개의 테마가든 등이 포함된 조경 디자인을 앞세웠다. 현대건설이 디에이치 브랜드를 처음 적용한 디에이치 아너힐즈 단지의 중앙정원 헤리티지 가든 연하원도 정욱주 서울대 조경학과 교수가 설계에 참여했다. 현대건설은 디에이치 라클라스 조경공간에 네덜란드 출신 그래픽 디자이너 카럴 마스턴스, 국내 건축가 최장원 씨와 협업해 설계한 조경 시설물 '클라우드 워크 파빌리온'을 설치했다. 클라우드 워크 파빌리온은 구름을 형상화한 시설물로 그 자체가 조각작품이면서 입주민들의 쉼터 기능도 한다.

④ 반포자이와 반포래미안퍼스티지 조경비교

a. 반포래미안퍼스티지 조경

반포래미안퍼스티지는 지하 2층, 지상 32층의 28개동 2,444가구로 이뤄진 대단지로 반포대교, 한강시민공원과 인접하고 있다. 래미안 퍼스티지는 단지의 43.42%를 녹지로 조성하여 단지 내 어디서나 포근한 자연의 품에 안긴 듯한 느낌을 가질 수 있도록 했으며, 가로수길을 따라 은행나무, 왕벚나무, 느티나무, 산수유 등 다양한 수목을 심어 계절감을 느낄 수 있게 하고 대형 수경시설을 설치하는 등 단지 전체를 공원화했다. 특히 '식물원'을 모티브로 한 식재는 기존 아파트가 1백여 종의 초본·관목·교목을 도입하는 것에 비해 약 5백여 종의 다양한 식물종을 보여 준다.

단지는 크게 '생태연못'과 '만물석산', 그리고 '잔디광장'과 '1000년 느티나무'로 이루어진 '1000년의 정원' 총 세 공간으로 나눌 수 있다. 최근 아파트 단지 안팎을 여유롭고 쾌적한 주거환경으로 꾸미기 위해 환경친화적 수경 공간을 조성하는 것이 하나의 트렌드로 자리잡았다. 설계사들은 쾌적한 주거 공간을 조성하는데 물이 가장 효율적이라고 판단, '물'의 가치를 높이는 '워터마케팅'에 주력하고 있다.

'물'의 활용은 에너지절감 효과 외에 수변 공간을 통해 단지와 주변 도시의 미적 가치를 높인다는 점에서 상당한 성과를 거둘 것으로 기대되고 있다. 그러나 수공간의 경우 동절기 4-6개월 이상의 기간을 가동할수 없다는 단점을 가지고 있는데, 래미안 퍼스티지는 이 점을 극복하기 위해 '흐르는 계곡물은 얼지 않는다'는 원리에 따라 한강의 심층수와 빗물을 활용해 사계절 물이 순환하도록 하여 365일 가동할 수 있는 '생태연못'을 조성했다.

3,976㎡ 규모의 생태연못과 대형 수목에 이르는 생태계류는 단지 중앙을 가로질러 흐른다. 또한 반송과 왕버들, 팽나무와 연못 안 식재를 통해 평면적인 연못에 입체감을 부여하고 갈대군락을 구성하여 늦가을과 초겨울까지 자연의 정취를 느낄 수 있도록 했으며, 연못의 가운데에는 구름처럼 떠 있는 형상의 카페가 설치되었다.

위에서 내려다보면 '만물석산'과 하나의 큰 원을 이루는 형태로 설계된 커뮤니티(선큰가든) '반원의 미학'으로 설계된 독특한 건축 공간이다. 휘트니스, 헬스케어, GX룸, 수영장, 골프연습장, 사우나, 키즈룸, 커뮤니티홀, 독서실, 휴게실로 구성된 커뮤니티는 건물의 기능을 충분히 반영하는 조경계획으로 보다 넓고 여유로운 분위기를 연출하였다.

b. 반포자이 조경

반포자이는 아파트 44개동, 총 3,410세대 아파트로서 대지면적 19만 ㎡의 거대 규모와 조경면적은 83,687.9㎡이다. 고속터미널 건너편에 위치한 뛰어난 입지로 아파트 최초로 한강물을 단지 안으로 끌어들여 기존의 경사구릉지를 통해 단지 곳곳에 흐르게 하고, 단지의 44%가 조경 면적으로 조성되어 지금까지도 잘 관리되어서 주민들의 만족도가 아주 크다. 고속도로 부분에는 단지 조경과는 차별화되는 충분한 녹지를 조성해 일상에 지친 심신에 활력을 줄 수 있도록 했다.

반포자이는 최초로 단지 내부에 한강물이 흐르는 단지가 된다. 서초구청과 협의해 한강에서 강물을 취수해 반포자이에서 흐름이 시작되도록 한 것이다. 당시 서초구청은 수량이 적은 반포천을 하천의 모습으로 되살리기 위해 동작대교 근처에서 한강물을 끌어오는 계획을 세웠다. 반포천 구간 중 메리어트 호텔 근처에서 한강물을 펌핑해 흐름을 만들겠다는 계획으로 메리어트 호텔에서 한강까지 '물이 흐르는 반포천'을 구상하고 있었다. 하지만 반포자이 내부로 물길을 연장시키자는 제안으로 이 반포천의 흐름은 더욱 길어질 수 있게 됐다. 이로써 반포자이는 반포천의 수원지가 되는 셈이다. 이에 따라 반포자이에서는 조경을 위해 필요한 물값 걱정 없이 수변 공간을 만끽할 수 있게 됐다. 끌어온 한강물은 단지 내 조경 시설인 '발원의 분수'에서 시작해 단지 내 구석구석으로 흘러 나간다.

반포자이 바로 옆에는 경부고속도로가 지나고 있다. 이 도로 주변에는 향후 고속도로의 확장 여부를 감안해 정부 소유의 시설녹지가 있다. 반포자이에서는 이 부지를 녹지로 꾸며 단지 주민들의 휴식공간으로 만들었다. 추후 경부고속도로가 지하화되고 지상 부분의 공원 조성은 반포자이의 조경환경을 한 단계 업그레이드시킬 것이다. 또한 단지를 둘러싸고 있는 2.4km의 산책로가 조성돼 있는데 이 또한 자랑거리다.

반포자이 내부에는 새로운 조경 시설로 가득하다. 음악분수를 비롯해 인공벽천, 로툰다벽천, 이벤트 프라자, 미니 카약장 등이 설치돼 있어 타 단지와 차별화되는 조경 시설을 만끽할 수 있다. 그리고 한강물을 단지 내부에 들어오게 했다는 점을 들 수 있다. 아파트 분위기가 활동적으로 바뀌면서도 단지 내부의 온도가 낮아지고 먼지 등도 감소하게 된다. 또한 각종 조경 시설들 역시 다른 곳에서는 보지 못한 새로운 시설들을 많이 접할 수 있을 것이다.

7) 하이엔드 아파트(레지던스) 태동과 발전

(1) 하이엔드 아파트 시작과 현재

하이엔드 거주상품의 시작과 발전(청담동 중심으로)

청담동 고급 빌라의 시작은 청담 상지리츠빌 카일룸을 건축한 상지건설이 1990년대 후반부터 청담동의 낡은 연립주택을 고급 빌라로 재건축하면서이다. 서울 청담동은 재계 1세대가 주로 거주했던 강북 부촌인 성북, 평창동과는 달리 재계 2·3세대 등 젊은 신흥 부자들과 경영인들이 매입하면서 유명해지고 신흥 부촌으로 성장하게 되었다. 특히 고급 빌라의 경우 철통 보안으로 사생활이 노출되지 않는다는 점에서 높은 인기를 끌고 있다.

최고급 빌라시장의 가능성을 파악한 상지건설이 2003년 서울 청담동에 첫 선을 보인 '청담동 상지리츠빌 카일룸 1차'는 연면적 6,437.17㎡, 지하 2층-지상 13층, 1개동의 17가구로 구성됐다. 이어 2006년 8월에 준공된 2차 물량은 카일룸 1차와 나란히 위치하고 있다. 연면적 9,302.80㎡, 지하 5층-지상 16층, 1개동의 15가구로 각 층당 1가구만 사용하도록 설계해 사생활을 보호했다. 청담 상지리츠빌 카일룸 2차는 고급 빌라의 선두주자답게 최초로 대규모 커뮤니티 시설을 갖추고 있다. 당시 성공적으로 분양된 1차에는 공용 편의시설 로비와 피트니스 룸 등이 제공됐지만 이보다 더 발전해 빌라 내에 골프 연습타석, 퍼팅장, 와인바, 가구별 와인 셀러(와인 저장 냉장고), 영화관 및 가구별 창고 등을 갖춰 입주자들이 사생활 침해 없이 여가생활을 즐길 수 있도록 했다. 이 같은 시도가 당시 최고급 빌라, 명품으로 평가 받으며, 이후 설계 및 건설되는 타 고급 빌라에 많은 영향을 줬다. 2012년 전국에서 가장 비싼 아파트로 등극한 청담 상지리츠빌 카일룸 3차는 복층 가구를 활용해 다양한 평면을 구성한 것이 특징이다. 오피스텔 8가구와 아파트 19가구로 구성됐으며 아파트는 복층형 9가구와 단층형 10가구로 나뉜다. 공용 편의시설을 더욱 발전시켜 스크린 골프연습실, 스쿼시코트, 영화관, 가구별 창고, 라운지, 피트니스룸, 요가룸, 마사지룸, 메이크업룸 등을 갖췄다. 임창욱 대상그룹 회장의 딸 임세령 상무가 살던 곳으로도 유명한 '청담동 상지리츠빌 카일룸 3차'는 2009년 7월 준공됐다. 연면적 1만 2,412.78㎡ 지하 3층-지상 20층, 1개동 27가구의 규모로 고딕풍의 외관 디자인과 명품 주거타운으로 각광을 받으며 한국의 부유층들의 마음을 사로잡았다.

강북에서 영동대교를 건너 청담동으로 진입하는 초입에 위치한 청담 상지리츠빌 카일룸 1, 2, 3차는 도산대로와 영동대교가 맞닿은 곳에 위치해 청담 최고급 빌라의 중심에 있다. 청담 상지리츠빌 카일룸 1, 2, 3차는 청담 고급 빌라촌의 랜드마크이자 최고급 명품 빌라의 선두주자 역할을 하였다. 청담동 명품 거리와도 가까워 인근에 명품샵이나 다양한 편집샵, 고급 다이닝, 카페 등이 모여 있어 여가를 보내기도 편리하다. 올림픽도로 접근성이 편리한 것도 큰 장점이다. 철저한 보안시스템으로 사생활 보호가 가능하다는 점 역시 젊은 재벌 2·3세대들에게 매력적인 요소다. 단지 출입구에는 24시간 보안인력이 상주해 외부인의 출입을 철저히 통제한다. 단지 내외부 감시카메라는 물론 가구별 창호 적외선 감지시스템을 갖추고 있다. 설계 및 실내 인테리어는 시공사가 입주자들과 개별적으로 상담을 통해 시공을 하고 이 같은 입주자들의 의견을 데이터로 축적해 다음 설계나 인테리어에 반영하며 상류층들의 높은 만족감을 이끌어냈다.

경원코퍼레이션이 삼성물산 건설부문에 시공을 맡겨 2001년 3월 완공한 이니그마빌 1단지는 지하 2층-지상 8층(연면적 6,143.44㎡, 1,858.39평) 규모로 한 층에 2가구씩 총 14가구가 거주한다. 2002년 11월 완공한 이니그마빌 2단지는 지하 2층-지상 7층(6,840.24㎡, 2,069.17평) 규모로 한 층에 3가구씩 총 16가구(5-6층만 한 층에 2가구)이다. 청담동 이니그마빌 1, 2차는 청담동 중심부 언덕에 최정상에 위치한 데다 최고급 인테리어로 꾸며져 국내 재력 상위 0.1%에 속하는 재벌들이 모여 살았다. 청담동 가장 높은 곳에 자리잡아 전망과 프라이버시를 갖추면서 명품 거리와 청담동 고급 다이닝들이 인접하여 재계인사들에게 인기를 끌던 고급 주택이었다. 강남권 하이엔드 빌라에는 중소기업 오너들과 연예인이 많이 산다면, 이니그마빌에는 대기업 총수 일가가 많이 거주한다. 이에 강남권 부동산중개업자들 사이에서는 대기업 총수 아파트로 알려져 있으며, 매매가가 높은 만큼 수요가 적어 대중에게는 잘 알려지지 않았다.

이러한 청담동의 하이엔드 빌라/아파트 준공 이후로 한동안 고급 주택건설에 필요한 토지 부족에 시달리며 신축 하이엔드 아파트 공급이 사라졌다. 그러면서 한남동, 성수동 등에 대규모 최고급 아파트가 건설되면서 최고급 주택수요의 대체재로 바뀌게 되었다. 이러한 최고급 주택시장의 변화의 물결을 다시 청담동으로 가져온 계기는 기존의 오래된 효성빌라를 재건축한 청담 101 1, 2차 건설이 터닝포인트가 되었다. 이것은 청담동의 고급 신축 빌라의 수요를 확인할 수 있는 계기가 되었다. 그 이후로 PH129 청담, 에테르노청담, 청담 워너원 등의 초고가의 하이엔드 아파트가 등장하고 모두 성공적으로 분양되었다. 특히 펜트하우스에 대한 수요는 놀랄 정도로 폭발적이었다. 이러한 성공은 또한 청담동 도산대로 주변에 하이엔드 오피스텔건설 붐을 일조하게 되었다.

　청담동에서 이러한 초고가의 아파트와 오피스텔의 등장과 분양의 성공은 기존의 해외명품샵 거리와 더불어 청담동의 명품 이미지를 배가하게 되었다. 앞으로 이러한 하이엔드 주택이 완성된 청담동의 미래의 모습은 최고급 주거지의 위상을 압구정 아파트 재건축이 완성되기 전 앞으로 최소 10-15년간은 유지할 것으로 보인다.

(2) 외국 하이엔드 주택/아파트

뉴욕 최고급 콘도 1-10위

1. 220 Central Park South
→ Robert A. M Stern 설계
라임스톤의 벽, 79층 타워/18층 빌라
Central park가 보임/25m 수영장
피트니스/스쿼시/도서관/시청각실/야외테라스

펜트하우스 2억4천만 달러/116개 APT(대부분 복층)

2. 432 park Ave(391m)

→ Rafiel Vinoly 설계/미니멀한 디자인

높은 천장/거대한 창문

컨시어지서비스/라운지 및 엔터룸/50m 수영장/피트니스/스파/미슐랭
레스토랑

3. 111 West 57th Street(435m)

→ 세계에서 두 번째 높은 콘도건물/가장 높은 초고층 B/D

→ 테라코다/청동외관

82층 건물/60개 unit(펜트하우스)

4. 15 central Park West

→ Robert Am Stern

2개의 라임스톤 타워/202개 1-4배드룸

5. Central Park Tower, 217 West 57th street Adrian smith 설계(472m)

2-8 bed room, 천장-바닥까지 유리창

100층 central park 클럽

시가라운지/하늘정원/실내외수영장

6. Time Warner Centar, 25 Columbus circle

75feet 수영장/Hudson river 조망 수영장

쇼핑 및 food 코트

7. 520 Park Avenue

Robert Am Stern

34개 Apt → 54층에 걸쳐 있다. 저층 20층

8. One 57, 157 West 57th Street

펜트 1억 달라, 9,150만 달라

Christian de Portzanparc 설계

90층 건물 92개 콘도

9. 53 W 53, 53West 53rd street

모마타워/82층/1,050feet

Jean Nouvel 설계/대각콘크리트철골+외벽유리

145개 콘도

10. 56 Leonard Steet(젠가 Tower)

60층 주거용 콘도 타워

Herzog & de Mearon 설계, 각실 전용 발코니/천장 → 바닥유리창

11. 홍콩: 피크지역 마운트 니컬슨 단지

127평: 973억(주차구역 3개) → 평당 7.6억

12. 런던: One hyde park

펜트하우스 2200억, 총 면적 65,000m^2, 13층

86개의 아파트와 듀플렉스(펜트하우스 4개 포함)로 구성되어 있다.

마름모 평면, 3면 개방 거실, 루버로 프라이버시 간섭해소

개인 영화관: 21m 수영장: 스쿼시 코트: 체육관; 회의실을 갖춘 비즈니스 스위트

설계: Rogers Stirk Harbour+Partners(Riverside의 Lord Rogers가 설립한 회사)

One hyde park아파트 전경

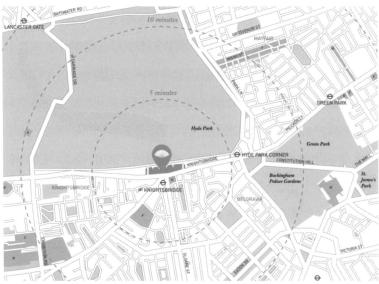

출처: 구글

압구정 재건축의 현황과 미래가치

One hyde park아파트 평면도

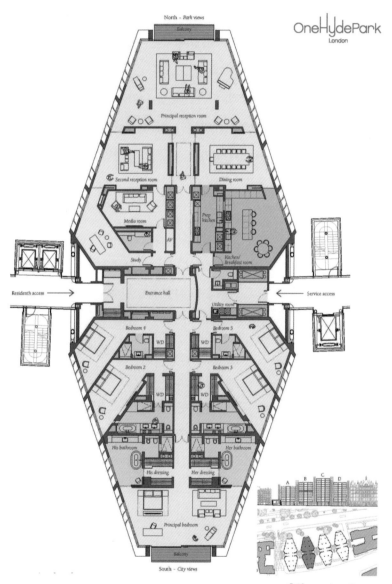

출처: search.savills.com

(3) 해외 최고급 주거상품의 특징

- 다양한 형태의 평면: 라이프 스타일에 맞는 평면(조망권 및 거주민 생활환경)
- 상징적인 주거입면: 유니크한 디자인(건물조명에 의한 차별성)
- 서비스 동선과 주거동선분리
- 모든 방에 화장실, 단독 엘레베이터
- 상층부 펜트하우스
- 호텔브랜드에서 서비스